Esquisse sur l'Algérie.

ESQUISSE

SUR

L'ALGÉRIE,

PAR

LE Vte DE T.-C.,

ANCIEN OFFICIER SUPÉRIEUR DE HUSSARDS,
CHEVALIER DE PLUSIEURS ORDRES.

Fais ce que dois, advienne que pourra.

Prix : 1 fr. 25 c.

MARSEILLE,
IMPRIMERIE DE MARIUS OLIVE, RUE PARADIS, 47.

—

1843.

ESQUISSE

SUR L'ALGÉRIE.

INTRODUCTION.

Si les Anglais ont quelque chose qu'on puisse leur envier, c'est leur patriotisme, devant lequel s'effacent toutes les nuances politiques lorsqu'il s'agit de la prospérité de la patrie ; soyons donc patriotes, non selon ces hommes de boue et de sang de 1793, infâmes profanateurs qui souillèrent ce beau titre, mais soyons-le dans le sens le plus vrai ; revêtons-nous de l'esprit de nos pères, répudions l'esprit d'égoïsme, bannissons l'intrigue et l'ignorante présomption de la jeunesse actuelle, expulsons les vices enfantés par la corruption, alors la France reprendra le premier rang parmi les nations, et son influence s'étendra jusqu'aux extrémités de la terre.

Moi aussi j'ai mon opinion politique, dont je ne m'écarterai jamais, car elle est basée sur l'équité et sur le désintéressement qui doivent servir de règle à l'homme de bien que l'on ne saurait corrompre, mais je ne prends pas la plume pour l'émettre; d'ailleurs en Algérie toutes les nuances se confondent devant les intérêts matériels; le théâtre serait d'autant plus mal choisi, que l'on n'aurait pas même la faculté de s'exprimer par la voie de la presse. Ainsi je ne m'occuperai que des moyens que je crois les plus propres pour arriver à une colonisation établie sur des bases solides, et si je suis obligé de censurer je le ferai avec réserve. Cependant mon travail aura pour guides la vérité, l'impartialité et mon amour pour cette belle France qui me ferait sacrifier jusqu'à mes plus chères affections, pour lui montrer mon dévouement.

O ma noble patrie, la valeur et la gloire prirent naissance dans ton sein; tes enfants ébranlèrent Rome jusque dans ses fondements et cette future reine du monde ne dut son salut qu'à ce cri d'allarme inattendu qui préserva son capitole; les ossements blanchis des infidèles dans les champs d'Ascalon, attestent la valeur de ceux à qui tu donnes le jour; ce furent tes enfants qui sur les rives du Nil poursuivirent les défenseurs du Croissant jusque dans

Mansourah, et si cette ville leur devint fatale, c'est que leurs inombrables adversaires s'aperçurent enfin du petit nombre des assaillants, qui trop éloignés du gros de l'armée ne purent en être secourus ; néanmoins ces audacieux guerriers, conduits par le frère de saint Louis, ne périrent qu'après avoir amoncelé autour d'eux des milliers de cadavres, et cette lutte d'un contre cent ne finit qu'à l'extinction du dernier de ces preux chrétiens.

Naguères les brûlantes solitudes des Pyramides furent troublées par un combat de géants, où un jeune ambitieux, qui bientôt devint trop célèbre, fut couronné par la victoire.

Et toi, belle et antique Mauritanie, ta capitale était occupée par des oppresseurs farouches qui en avaient fait un repaire de forbans ; de puissants monarques ne purent les en expulser, cette gloire t'était réservée, ô noble France ! trente mille de tes guerriers plantèrent le drapeau sans tache sur le sommet de la Casbah, qui domine la ville, et l'Europe reconnaissante et désormais affranchie de la piraterie des Barbaresques, en est redevable au roi très chrétien, qui par cette brillante conquête orna son diadème d'un nouveau fleuron.

O ma patrie ! tes enfants ont porté la gloire de ton nom jusqu'aux extrémités du globe ; sors de ta léthargie, consolide ta conquête par des lois en harmonie avec la religion, avec les principes d'une saine morale ; qu'elles soient dictées par la modé-

ration et par l'équité qui doivent te caractériser, et
que l'univers apprenne que tes guerriers seront toujours terribles dans les combats, mais cléments après
la victoire.

APERÇU GÉNÉRAL.

Hussein-dey avait insulté la France dans la personne de son représentant; le roi, justement indi-
gné de cette offense, en demanda, mais envain, la
réparation; cependant, pour soutenir l'honneur de
son diadème il donna des ordres pour transporter
une armée de trente-cinq mille hommes sur les côtes
d'Afrique; M. le comte de Bourmont, lieutenant-général de ses armées et ministre de la guerre, com-
manda l'expédition qui débarqua dans la presqu'île
de Sidi-Ferruch, à l'ouest et à cinq lieues d'Alger. Ce
fut vainement que le Dey rassembla tous les mul-
sulmans en état de porter les armes pour s'opposer
aux progrès de l'armée envahissante, ils furent cul-
butés dans toutes les rencontres, et la plaine de
Staouéli, quoiqu'elle leur fût favorable, à cause de
ses nombreux accidents de terrain, devint le témoin
de la déroute la plus complète; les troupes braves,
mais indisciplinées du Dey, se dispersèrent dans
toutes les directions. Alger n'était couvert que par
le fort de l'Empereur, qu'une explosion fit sauter en
partie, et Hussein-dey, vaincu, ne tarda point à
capituler lui-même dans sa forteresse de la Casbah,

où le drapeau français fut arboré aux acclamations de l'armée entière !

Ainsi la tyrannie turque était anéantie et la piraterie n'existait plus sur cette plage inhospitalière et si longtemps témoin des souffrances des captifs chrétiens !

Cependant le fléau des empires, le génie révolutionnaire relevait sa tête hideuse, et les destinées de la France changèrent de face; le nouveau gouvernement adopta une autre politique, on fut indécis, la conquête paraissait à charge; le cabinet de Charles X avait répondu avec une énergique dignité aux exigeances de l'Angleterre : la France de juillet prit un ton évasif avec nos rivaux d'outre-manche. L'Europe crut longtemps que nous ne conserverions pas cette colonie dont nous dota la restauration, et les Arabes, étonnés, sans doute, de notre inaction, reprirent courage; enfin leur audace ne connut plus de bornes en voyant le traité de la Tafna qui les groupait autour du fanatique Abd-el-Kader. On connaît les maux enfantés par cette fatale convention, sans que j'aie besoin de les relater; l'infatigable émir en a tiré tout le parti possible; jusqu'à venir incendier aux portes d'Alger les fermes des malheureux colons établies dans la plaine de la Mitidjah. Notre armée en a frémi d'indignation, mais son courage était arrêté par la discipline qui lui ordonnait une coupable inaction, dont la honte ne saurait retomber sur elle. Enfin M. le lieutenant-général Bugeaud vint lui rendre toute sa valeur qui n'était qu'enchaînée, le nouveau gouverneur a surmonté les difficultés physiques et morales qu'offrent les montagnes de l'Algérie, les accidents du terrain et le fanatisme des indigènes; les Arabes ont été refoulés de montagne en montagne, de positions en positions, à peu près jusqu'au-delà des chaînes de l'Atlas, et Abd-el-Kader, aux abois, n'a échappé jusqu'ici à nos colonnes que par une grande bravoure, par sa témérité et par son génie actif qui lui font trouver des ressources parmi ses co-religionnaires, là où tout paraît perdu pour lui.

Ainsi l'honneur de la patrie est à peu près vengé; elle s'est levée comme un seul homme pour conserver cette belle conquête, elle la gardera en dépit de la jalouse Albion et de ses stipendiés; déjà des paroles, que nous aimons à croire sincères, ont appris au monde que l'Algérie était A JAMAIS FRANÇAISE. Oui, elle le sera, et si nous voyons, quoiqu'avec beaucoup trop d'indifférence, l'Angleterre envahir des royaumes entiers, du moins nous saurons conserver l'Algérie, et, si les Anglais osaient un jour nous en disputer la possession, tous les Français, malgré la dissidence de leurs opinions, se lèveraient simultanément, et nous vengerions les nombreux outrages qu'une coupable longanimité nous fit recevoir du colosse aux pieds d'argile, qui voudrait oublier que

le roi de France était le seigneur Suzerain de celui
d'Angleterre.

COLONISATION

ET MOYENS D'Y PARVENIR.

Le plus difficile n'est pas de conquérir, rien n'est
impossible à la valeur française, et dans quelque
lieu du globe que la France porte ses armes, elle est
sûre qu'elles seront couronnées par la victoire; mais
il faut savoir l'utiliser, et malheureusement jusqu'ici,
nous n'avons guère marché que de déceptions en déceptions; le sang du soldat et les deniers publics ont
été prodigués à peu près inutilement, on a employé
divers moyens tout aussi défectueux les uns que les
autres; mais d'où vient que tant de peine, que tant
de soins ne produisent aucun résultat satisfaisant?
Le mot de l'énigme est déjà deviné, je n'ose le pro-
noncer tout-à-coup et je préfère laisser ce soin aux
faits que je vais développer, un peu confusément, sans
doute; néanmoins puisse ma faible voix être enten-
due et que ses accents tournent au profit de la colonisation : tel est le but de mon cœur tout français !

J'ai parcouru l'Egypte et la Syrie, je connais les
enfants du Koran, qui partout sont les mêmes, cependant leur fanatisme se taira devant une attitude
sévère et juste; lorsqu'on hésite avec eux, ils repren-
nent soudain toute l'arrogance qu'ils ont puisée dans
les fables d'une monstrueuse religion, et leur igno-

rant orgueil les engage à croire qu'ils pourront arracher de nos mains belliqueuses ce lambeau de l'islamisme ; mais cet espoir est vain, toutes ces tentatives ne peuvent que leur être fatales, et depuis longtemps ils l'auraient reconnu si le génie actif d'Abd-el-Kader et l'impudent fanatisme de leurs imans ou marabouts ne stimulait incessamment ces esprits inquiets et guerriers qui n'ont point dégénéré depuis les temps antiques.

Un des premiers moyens à prendre serait donc de surveiller les discours qui se prononcent dans les mosquées et jusque dans Alger. Eh quoi ! l'on a vu des pouvoirs ombrageux faire emprisonner ou envoyer à l'échafaud des ministres du très haut pour avoir introduit, peut-être intempestivement, quelques mots de politique dans leurs sermons, et l'on fermerait les yeux lorsque des sycophantes, souillés de crimes, allument le feu de l'incendie en excitant les Arabes à la révolte ! et on laisserait tranquille un muphti, rebelle à nos lois qui s'oppose à l'introduction de la langue française dans les écoles de sa secte ! et l'on ne sévirait point contre des espions comblés de nos bienfaits, qui lancent des brandons de discorde, ou qui entretiennent des correspondances criminelles avec les Bédouins insurgés, et ils pourraient faire transporter nuitamment des munitions de guerre dans de légers canots qu'on a vu sillonner les flots entre la ville et le cap Matifoux ! Des millions de catholiques inoffensifs furent martyrisés sans sujets par les cupides hérétiques, et l'on ne prendrait pas les plus grandes précautions pour que des ministres de l'erreur ne fanatisassent point des peuples que leur ignorance ne porte déjà que trop à la rebellion (1).

Il est une autre erreur que je dois signaler et qui nuit beaucoup à la colonisation : des hommes superficiels, mais qui peuvent, d'ailleurs, avoir de bonnes intentions, se figurent qu'on peut gouverner les Arabes comme les peuples civilisés de l'Europe ; c'est une illusion qui mènerait à de faux résultats, parce que l'heure n'a pas encore sonné pour le Bédouin nomade et sauvage. Il faut, sans doute, traiter avec bonté, avec humanité ceux qui sont vraiment soumis, mais on doit réprimer soudain les délits qu'ils peuvent commettre. Ils sont habitués à cette manière de procéder, tout délai est nuisible avec eux. Cependant, pour éviter l'injustice et l'arbitraire, il faudrait n'élever aux diverses fonctions que des hommes probes, intègres et justes : l'Arabe veut qu'on lui en impose, voilà son code, sa loi et son frein. Que fait-on pour appaiser les mânes des Européens assassinés par les Bédouins ? Je l'ignore ; mais je sais que pour éviter la récidive il faudrait que des têtes arabes fussent plantées sur des lances là où le crime

(1) Nous apprenons, avant de mettre sous presse, que l'indigne Muphti d'Alger a été arrêté et conduit en France aux îles Sainte-Marguerite et qu'il va être envoyé, ainsi que sa famille, en Egypte.

fut consommé. Il ne faut donc jamais hésiter, même
avec la multitude, et pendant mon séjour au grand
Kaire, au milieu de cette grande ville peuplée de
quatre ou cinq cents mille âmes, je savais me faire
respecter et en imposer à cette multitude ignorante
et fanatique.

Néanmoins il ne faut point inférer de mes paroles
que tous les Arabes soient méprisables ; il est vrai
qu'il en est ainsi pour les Féllahs des plaines de l'E-
gypte, car le Très-Haut manifestait déjà ses décrets
par la bouche d'Ezéchiel, qui prophétisait il y a
vingt-cinq siècles, que pour les longs forfaits dont
se rendirent coupables Thèbes, Memphis et leurs
Pharaons, la terre antique de Mezraïm gémirait
sous un sceptre de plomb et que l'ange de la domination abandonnerait ces contrées célèbres. Mais les
Bédouins des pays montagneux de l'Afrique septentrionale n'ont rien perdu de l'énergie des Numides
de Jugurtha, et ce rival de Rome fit longtemps ba-
lancer la victoire entre les maîtres du monde et lui,
la trahison seule de Bocchus, son beau-père, rendit
les Romains tranquilles possesseurs de la Mauritanie.
Les Bédouins sont, d'ailleurs, d'autant moins mépri-
sable que l'on sait que les peuples nomades et sans
luxe sont difficiles à dompter : Alexandre échoua
contre les Scythes, Crassus et ses légions périrent
chez les Parthes, et de nos jours la frugalité espa-
gnole, aidée à la vérité par les Anglais, a triomphé

de la valeur des armées impériales françaises dont je faisais partie.

Les sectateurs de Mahomet sont pieux en général, parce qu'ils sont moins corrompus que nous ; ils détestent les chrétiens, il est vrai, le Koran l'ordonne, mais c'est moins notre croyance que notre irréligion qu'ils abhorrent, c'est notre immoralité qui nous fait mépriser d'eux. Ces hommes graves à l'excès ne font jamais rien qui n'ait un but ; que doivent-ils penser de ceux qu'ils voient ivres dès le point du jour et qui ne reculent devant aucune des turpitudes dont la moindre est la bouffonnerie que produit souvent l'ivresse dans les basses classes de la société ? Les Musulmans sont pieux, je le répète ; d'ailleurs, en dépit des philosophes du siècle dernier, il est inné dans le cœur de l'homme, qui n'est pas absolument corrompu, qu'il ne saurait vivre sans religion, et ce principe est tellement gravé dans son esprit que tous les peuples, soit civilisés soit à l'état sauvage, ont adoré depuis le soleil jusqu'aux animaux les plus immondes ; les plantes même trouvèrent des autels, les mythes brillants de la Grèce enflammèrent l'imagination et un fétichisme absurde, mais moins que l'athéisme, compte encore de nombreux sectateurs. Eh quoi ! le siècle, soi-disant des lumières, prétendrait-il nous plonger dans les ténèbres ? Non, parce que l'enfer échouera dans ses tentatives criminelles mais toujours impuissantes !

Suivons donc les pratiques de notre divine reli-

gion, et n'allons point exhumer le polythéisme ense-
veli sous vingt siècles d'oubli ; ne soyons point athées,
ou ne proclamons pas que toutes les croyances sont
bonnes, parce que Dieu n'est point un être capricieux ;
il n'y a qu'une manière de le servir et il nous l'a en-
seignée ; la ligne droite mène à la vérité, les courbes
varient à l'infini et conduisent à l'erreur. Soyons catholiques et par conséquent tolérants, notre divin maître nous en a donné le précepte et l'exemple, c'est la
seule manière de faire la conquête réelle des musulmans, et ils cesseront de nous traiter de *chiens et
d'infidèles*.

L'on a vu les chefs de la religion mahométane
remercier le duc de Rovigo, parce qu'il prenait une
mosquée pour la transformer en un temple du vrai
Dieu ; ils crurent un instant que nous allions enfin
observer les préceptes de notre religion, mais ils
furent trompés et leur illusion ne tarda point à s'é-
vanouir, parce que la plupart des Européens qui
sont en Algérie, je le dis avec des larmes de sang,
ne reconnaissent guère d'autre divinité que l'or et les
vains plaisirs qu'il procure. Quoiqu'il en soit, honneur
au soldat de l'Empire, honneur au favori de Napo-
léon qui n'a point oublié qu'il était aussi soldat du
Christ.

Déjà beaucoup d'Européens peuplent l'Algérie,
Alger en renferme le plus grand nombre, mais il
n'entre pas dans mon plan de parler du commer-

çant honnête, ni de l'industriel, mon cadre serait beaucoup trop aggrandi; je me tairai aussi sur cette classe dont la rapacité va, dit-on, jusqu'à prêter sur gage à dix et même à quinze pour cent par mois, leur nombre est grand pour le malheur de ceux qui ont recours à de pareilles sangsues, on ne pourrait trop les stygmatiser et les lois ne seront jamais assez sévères contre ces vampires ténébreux. Ainsi c'est de la catégorie des vrais colons dont je m'occuperai particulièrement, car tout vient de la terre; une bonne culture est donc la base de l'économie sociale. Malheureusement ici comme ailleurs, on néglige infiniment trop le laboureur, et l'on se tromperait grossièrement si l'on espérait coloniser avec ces hommes venus de tous les coins du globe en Algérie. La plupart sont des gens sans aveu, grands amateurs du cabaret et qui ont tous les vices analogues à ce penchant; la pénurie de la main-d'œuvre force à les employer, ils font payer bien cher un mauvais travail et ils sont plus maîtres que ceux qui les employent. Beaucoup sont des vagabonds de nos grandes cités de l'Europe, qui n'ont jamais eu d'état, cependant ils se mêlent de faucher, de couper du bois, ou de labourer, mais on reconnaît bientôt qu'ils ne savent rien faire, car les faux qu'on leur confie cassent comme du verre entre leurs mains, il en est de même des hâches qu'ils mettent hors de service et quant aux bœufs et aux chevaux, ils ne savent ni les atteler, ni les conduire, ni les faire labourer,

2

ils estropient ces malheureux animaux qu'ils effarouchent par leur brutalité et par des châtiments non mérités, ils brisent les jougs, ils cassent les charrues et les chariots de leurs maîtres qu'ils ruinent ainsi; néanmoins ils exigent quatre ou cinq francs de salaire par journée, non compris la nourriture; maintenant je demanderai à un cultivateur français s'il pense que le propriétaire colon puisse se tirer d'affaire en payant une main-d'œuvre inhabile, un prix aussi exorbitant, surtout quant il faut défricher des terrains remplis de racines séculaires?

Mais puisque nous avons à peine dépassé l'époque de la fénaison, je vais établir approximativement la dépense d'un faucheur, ainsi que les accessoires : Le propriétaire ne lui donne guère moins de cinq francs par jour; il lui fournit la faux qu'il ne tardera point à mettre hors de service, la nourriture est en sus et coûte environ deux francs, parce que cet homme, qui, peut-être, ne pouvait point boire de vin dans son pays, en exige ici trois litres, et cet ouvrier, si chèrement payé, fauche à peine cinq quintaux métriques, ou dix quintaux ancien poids; il y a des faneurs à payer, quoique en petit nombre; il faut botteler le foin, le mettre en meule et le garder soigneusement, en attendant qu'il plaise à l'administration de le recevoir, parce qu'on pourrait incendier cette récolte si chèrement exploitée, et il y a autant à se méfier des Européens que des Arabes. Le prix du transport des fourrages jusqu'aux entrepôts de l'administration varie, selon les distances, de deux à quatre francs par quintal métrique, et si le propriétaire veut faire charroyer avec ses propres moyens, il lui en coûtera, peut-être, encore plus cher, parce que les gens qu'il emploiera briseront, à coup sûr, plusieurs charrettes, ou estropieront les bestiaux. De manière, que la manipulation du foin, par quintal métrique, revient à près de sept francs, sans compter les faux-frais que je ne puis désigner ici plus clairement, et un déchet fort considérable qui va quelquefois à vingt pour cent. Les autres années, l'autorité payait dix francs le quintal métrique; aujourd'hui, elle a fait une grande diminution dans les prix, parce qu'elle a reconnu, sans doute, que le propriétaire ne se ruinait point assez vite et qu'elle a voulu accélérer sa perte; mais sa sollicitude ne s'arrête pas en si beau chemin, et l'administration des domaines sait fort bien prendre des arrêtés pour exproprier les colons: ainsi une personne de ma connaissance, qui avait acheté la coupe des foins d'une immense propriété nommée *Rouméli*, aux portes de Bouffarick, en a été expulsée; le domaine s'étant fait juge en dernier ressort, a décidé qu'il vendrait toutes les coupes de fourrages, quelle qu'en fût la nature, que l'on voudrait soumissionner; *elle permettait*, il est vrai, aux possesseurs de faire valoir leur droit, ajoutant que s'il était fondé, ce serait à eux que l'adjudicataire devrait le prix de l'adjudication, sans que l'autorité fût passible des pertes qu'elle aurait fait éprouver aux ayant-droits non seulement en ne les indemnisant pas des bénéfices qu'ils auraient pu faire en exploitant eux-mêmes leur bien, mais encore en ne leur tenant pas compte du prix réel des foins, bien supérieur à l'adjudication ; ainsi le domaine a adjugé pour deux mille huit cents francs ce qui en avait coûté quatre mille, et lorsque le malheureux, dépossédé si arbitrairement, a fait valoir ses titres, on les a repoussés en prononçant le mot fatal d'UTILITÉ PUBLIQUE, parce que la prairie était adjugée à un comptable.

Les fourrages ne manquent pas en Algérie, puisqu'on en trouve jusque sur le sommet des montagnes, cependant l'administration passait des marchés pour en faire venir d'Italie, en dépassant de beaucoup les prix fixés pour les foins indigènes et au détriment des colons qu'il aurait fallu encourager. Ce foin étranger se trouve avarié par un long transport par mer ; j'ai vu une grande quantité de bottes pesant trois quintaux chacune, toutes pourries. La maison de commerce, qui avait cette entreprise, a perdu, dit-on, cent cinquante mille francs ; personne n'a gagné en apparence, et les fonds de l'Etat ont passé, en partie, entre les mains de l'étranger. Quoiqu'il en soit, la main-d'œuvre et d'autres causes ruinent les colons qui veulent faire des fourrages, heureux encore ceux qui n'en font que sur une petite échelle, ils perdent moins ; et les faits ne manqueraient pas , si je voulais rapporter ceux qui sont parvenus à ma connaissance ; ils démontreraient le peu de zèle de l'autorité pour une colonisation qu'il faudrait encourager par tous les moyens légaux.

Les obstacles, comme on le voit , se multiplient : d'un côté , de mauvais ouvriers, et de l'autre, une administration plus bienveillante en théorie qu'en pratique, concourent à ruiner le colon qui, ne pouvant surmonter toutes ces causes réunies, est obligé de laisser incultes ses propriétés, et c'est pourquoi tout est presque encore en friche en Algérie. Il faut donc que les ouvriers soient tariffés ; qu'on les force à avoir un livret que leur délivrerait la police centrale, ou qui serait donné par MM. les commissaires civils, et il restera entre les mains du maître qui les emploiera, lequel y inscrira le jour de leur entrée à son service , et à leur sortie, il en indiquera le motif. Tout propriétaire ou tout entrepreneur qui prendrait un ouvrier sans remplir ces formalités, serait passible d'une amende. Par ce moyen bien simple, on saurait qui l'on emploie, et le vagabondage disparaîtrait.

Mais voici une autre manière qui aura de bons résultats, si on veut la mettre en pratique , et c'est l'autorité qui doit prendre l'initiative , comme présentant une garantie incontestable ; d'autant plus qu'elle fait travailler un grand nombre d'ouvriers civils, et que ce moyen établi passera sans difficulté de l'autorité aux particuliers qui ont beaucoup de travailleurs. On préviendrait donc ceux-ci qu'il leur serait fait une retenue, par exemple, de vingt-cinq centimes par jour sur leur salaire, qui seraient placés dans une caisse d'épargnes, rapportant intérêt. Dans le début, ces ouvriers seraient fort mécontents de ne pouvoir manger ces vingt-cinq centimes; mais la réflexion viendrait au secours de cette prévoyance toute paternelle, et nos journaliers finiraient par faire de plus fortes économies; ils imiteraient leurs camarades des Etats-Unis de l'Amérique, où l'on remarque une grande diminution dans la consommation des alcools. Enfin, lorsque ces manœuvres auraient quelques centaines de francs d'économies, ils songeraient à devenir colons, soit en obtenant des concessions qu'il faudrait s'empresser de leur accorder, soit en achetant aux Maures ou aux Arabes une étendue de terrain plus ou moins grande, à raison de vingt à trente francs l'hectare.

Je crois ces moyens utiles à la colonisation; mais ils ne suffisent pas, et tant que le gouvernement ne prendra pas d'autres mesures, on ne parviendra point à coloniser sur une grande échelle, parce qu'on changera difficilement les mauvais ouvriers qui viennent en Algérie; plusieurs, certainement, deviendraient meilleurs, mais ce n'est point la masse. Il est donc indispensable que MM. les préfets reçoivent l'ordre de faire de nouveaux appels aux cultivateurs pauvres, mais honnêtes, de leurs départements, pour les engager à se transplanter, aux frais de l'Etat, en Algérie, où on leur concèdera des terres; alors on aura de bons travailleurs, qui ne passeront pas leur journée dans les cabarets ou dans les mauvais lieux, mais ils l'emploieront aux travaux agricoles.

Cependant, pour être exactement vrai, je dois ajouter que ces ouvriers corrompus que je signale, ne sont qu'une superfétation de ceux d'Alger, qui sont un peu meilleurs. Les premiers travaillent en grand nombre dans la campagne et loin de toute surveillance, de manière qu'ils sont livrés à eux-mêmes et un seul suffit pour exciter toute une bande; mais s'ils étaient employés dans des maisons déjà montées, il est à présumer qu'ils suivraient les exemples de subordination qu'ils y trouveraient établis. D'ailleurs, on ne s'occupe point de ces malheureux qui, après avoir supporté le poids du jour sous un ciel ardent, sont obligés de passer la nuit très fraîche presque à la belle étoile, et pour l'abréger, ils vont boire des spiritueux de mauvaise qualité, qui achèvent de les brûler, de les étourdir, de les démoraliser et de leur faire dépenser tout leur salaire. Voilà, en grande partie, d'où naissent ces fièvres qui les déciment. Tout est donc à faire encore de ce côté pour la colonisation de notre belle conquête!

Mais avant de poursuivre ma tâche et d'entrer dans de plus grands détails, qu'il me soit permis d'exprimer ce que m'inspire mon impartialité, en rendant hommage aux bonnes intentions de M. le lieutenant-général Bugeaud, dont je parlerai seulement comme gouverneur de l'Algérie, et cette opinion sortant de ma bouche ne paraîtra point suspecte, j'en ai la douce espérance.

M. le général Bugeaud déploie une activité bien rare pour un homme de son âge. Sous cet administrateur infatigable, tout marche de front, les travaux du port et la digue, qui doit abriter nos vaisseaux, *quoiqu'un peu lentement*, mais les édifices pour les troupes et les chemins se poursuivent avec vigueur; ainsi pour aller de Ténez à Orléanville, cinq ou six kilomètres de rochers ou de précipices viennent de disparaître comme par enchantement sous les coups redoublés du pic ou de la pioche des régiments, ou par les explosions de la poudre. Mais que ne peut le guerrier français! Hier, il faisait trembler ses ennemis par son impétueux courage; aujourd'hui, pionnier infatigable, il s'ouvre un chemin dans des lieux jusque-là inaccessibles. Dans les expéditions, le premier à cheval, M. le général Bugeaud est le dernier à mettre pied à terre, et il ne songe à se délasser que lorsqu'il voit les bivouacs établis. Aussi est-il aimé du soldat qui le regarde comme un père ; mais on trouve qu'il s'expose inutilement et que sa vie a été quelquefois en danger ; c'est un défaut dans un général en chef, qui ne doit payer de sa personne que dans des circonstances graves, et celles-ci ne peuvent se présenter que rarement avec les Arabes, dont toute la tactique consiste à nous faire une guerre d'escarmouches. La perte d'un second gouverneur général ferait croire à l'Europe que les Bédouins sont plus redoutables qu'ils ne le sont réellement, et ceux-ci s'énorgueilliraient d'une mort causée par une balle tirée au hasard, mais qui serait vivement sentie par l'armée sous les ordres du général Bugeaud.

Après cette digression dictée par l'impartialité, j'ajoute, quoiqu'à regret, que l'administration, en général, ne paraît pas exempte de blâme, relativement à la classe ouvrière. Je reviens souvent sur cette grande plaie de la société, dira-t-on, mais qui pourra coloniser, si la main-d'œuvre et le gaspillage absorbent les bénéfices? Aussi, la tolérance de l'autorité, à cet égard, est repréhensible, surtout dans une colonie naissante, où il faudrait déployer une surveillance sévère et une grande énergie. Les diverses branches du service public occupent beaucoup d'ouvriers, et d'après leur salaire excessif, on croirait qu'elles n'ont point marchandé avec eux ; il est vrai que c'est le trésor qui solde ; mais le colon propriétaire qui puise dans sa propre bourse y regarde de plus près, et il en souffre, parce que les prix élevés du gouvernement servent de tarif. J'ai dit plus haut que la plupart des ouvriers qui travaillent au loin dans les chantiers, sont des gens sans aveu de nos cités européennes; ils déclarent qu'ils ne souffriront pas les observations de ceux qui les emploient. Ainsi, j'ai vu un soi-disant maître maçon, vrai gâcheur de son métier, se faire payer cinq francs dans les journées les plus courtes de l'année, non compris la nourriture. Il passait une partie de son temps à la chasse; le maître subissait la loi, payait et se taisait.

On vient de construire un pont joli, mais peu solide, à l'américaine, sur le Mazafran, à l'embranchement des routes de Koleah à Bouffarick et à Douéra par Mahelma; j'y remarquai une Arabe traînant de la terre dans une brouette, et je demandai à son chef d'atelier ce qu'il gagnait. Il me répondit qu'on lui donnait trois francs par jour. Jusque-là, cet Arabe, comme emmailloté dans ses dégoûtants haillons, n'avait jamais eu un seul boudjou en sa possession, et je me récriai sur ce prix excessif qui sert de régulateur pour les autres. De retour à Alger, j'en parlai à M. le gouverneur général par forme de conversation, et il ordonna à M. le secrétaire-général de la direction de l'intérieur, qui se trouvait avec nous, de faire cesser une pareille dilapidation des deniers publics, et avec d'autant plus de raison, que les indigènes, moins corrompus que nous, ont très peu de besoins ; ils sont heureux, lorsqu'ils peuvent se procurer une ou deux livres de pain, à trente centimes le kilogramme et un peu de mauvaise huile pour l'arroser.

Cependant la critique n'est pas terminée, car je n'ai pas tout dit encore sur ce pont du Mazafran ; on y remarquait un grand luxe dans le nombre des ouvriers, soit pour creuser la terre, soit pour la transporter afin de remblayer la chaussée en construction sur la rive droite de la rivière. Le pont a quatre-vingts mètres environ de longueur, il y avait deux hommes au commencement, deux au centre, et deux enfin à l'extrémité, pour recevoir ainsi, de main à main, de rares brouettées de terre ; ce relayage inutile, pour un trajet aussi court, ne pouvait que ralentir infiniment le transport. Je m'approchai d'un dernier travailleur, qui égalisait cette terre sur la chaussée qu'on lui apportait si chèrement, et je lui en témoignai mon indignation. La force de la vérité lui fit avouer que j'avais raison, et il me dit que chacune de ces petites brouettées coûtait environ vingt centimes ; d'après mon calcul, il ne se trompait pas. Mais depuis on a changé ce mode de transport, qui s'opère maintenant par une entreprise et avec des tombereaux attelés chacun de cinq chevaux. Depuis le point de départ jusqu'au bout, ils n'ont pas plus de cent trente à cent quarante mètres à parcourir ; néanmoins, chaque tombereau, très bien chargé, il est vrai, coûte deux francs par voyage, et tout exorbitant que paraisse ce prix, il énonomise encore de moitié sur l'ancien travail (1).

J'ajouterai que cette chaussée est mal faite (dans cet endroit seulement). Les fossés qui la bordent ont un mètre et demi de profondeur, mais ils n'ont aucune inclinaison et les pluies auront bientôt fait ébouler la terre. La route, trop étroite, se trouve comme étranglée à son débouché sur le pont, qui a seulement une voie. Il est donc impossible qu'une voiture pesamment chargée, qui se présente à l'une des extrémités, puisse se ranger à temps pour laisser filer celle qui se trouve déjà engagée et que la courbure de la route lui a empêché d'apercevoir de loin. Enfin, les murs de soutènement qui la contiennent sont aussi perpendiculaires que ceux d'une maison, et ils reposent sur un terrain fortement en pente ; de plus, les terres rapportées l'affaisseront. les grandes pluies et un passage continuel auront bientôt dégradé ces ouvrages de maçonnerie ; mais l'ennemi le plus à redouter, c'est le Mazafran lui-même, qui se grossit tout à coup d'une manière pro—

(1) C'est d'autant plus cher, que les chevaux ne coûtent rien à nourrir ; on les fait paître dans l'endroit où ils se trouvent, et je ne sais si on leur donne de l'orge, qui du reste, n'est pas chère, puisque cette céréale ne coûte au détail que cinq francs les soixante litres. Il va sans dire qu'en gros elle est d'un moindre prix.

digieuse. Il peut donc miner le terrain très incliné qui supporte les murs. Quoiqu'il en soit, plusieurs de ces ouvrages sont peu soignés ; ils coûtent fort cher, et c'est pourquoi j'en parle, dût-on me traiter d'esprit minutieux. Enfin, je pourrais citer une autre entreprise où il y a eu dilapidation parce qu'on ne savait, disait-on, à quoi employer des fonds considérables qui restaient en caisse. Le fait est réel, et je le tiens de la personne qui a mis fin à cet abus criminel.

Que l'on me sache quelque gré de ne point exhumer de pareils faits et de ne pas indiquer le chiffre des fonds gaspillés, qu'il eût été plus avantageux d'employer à construire plusieurs maisons pour des colons pauvres qui auraient défriché avec une nouvelle ardeur des terres que souvent on leur refuse.

Enfin, s'il faut ajouter foi à l'opinion publique, l'autorité ne serait pas très empressée de coloniser, car on rapporte que d'honnêtes laboureurs sont arrivés en Algérie avec des moyens plus ou moins considérables, pour obtenir des concessions ; mais fatigués de ne recevoir que des promesses vagues ou toujours ajournées, les uns plus clairvoyants et plus probes, sont revenus dans leur patrie après avoir épuisé leurs ressources ; les autres, moins scrupuleux, ont établi des cabarets. Voilà pourquoi on en voit des milliers, et que presque toutes les maisons de Déli-Ibrahim, de Douéra, de Bouffarick et de cent autres localités sont décorées d'une honteuse enseigne d'intempérance, tandis que les terres restent généralement incultes, malgré leur bonne qualité. Cependant, ces hôtels, ces cabarets, ces cafés se nuisent mutuellement par leur grand nombre. D'ailleurs, c'était en partie le séjour des troupes qui les alimentait, et maintenant qu'elles s'étendent au loin, ces maisons équivoques se trouvent à peu près désertes, et leurs propriétaires, après avoir rançonné les voyageurs, seront forcés de cultiver. Ainsi donc, on a fait attendre à de pauvres paysans une parcelle de terrain de quelques hectares, comme si la terre à concéder manquait en Algérie! Je connais une personne d'un rang élevé à qui l'on a trouvé le moyen de refuser *poliment* une maison en ruine à Koléah, que lui avait formellement promise le gouverneur général. J'ai vu de mes propres yeux une famille composée du père, de la mère et de deux enfants, qui portaient sur leurs épaules, fatigués par la chaleur, le peu d'effets qu'ils possédaient; je les interrogeai, et ils me répondirent qu'ils revenaient de ce même Koléah, parce que la masure qu'on leur avait promise devait d'être adjugée aux enchères pour une faible rente perpétuelle. Ainsi, le domaine vend tout ce qui est susceptible de l'être. La fiscalité franchit les mers peur établir sa rapacité dans une colonie naissante, où elle devrait être inconnue, et l'on ne concède gratuitement que le rebut qui ruinera ceux à qui l'on jette un os à ronger. Encore, ces concessions ne se font-elles qu'à des conditions souvent intolérables dont je parlerai à l'article des trappistes.

J'observerai qu'un empire est toujours riche lorsque ses sujets le sont; l'or est beaucoup mieux placé entre les mains des particuliers intéressés à le faire valoir, que dans les coffres du trésor. J'en appelle au témoignage des états despotiques, dont les souverains enfouissent les richesses dans d'obscurs souterrains. Les habitants de ces pays, transformés en esclaves, gémissent sous les haillons de la misère. Le commerce y languit entre les mains des étrangers qu'il enrichit; les arsenaux sont vides; les voies larges et utiles y sont inconnues; les habitations en ruine, frappées par des avanies exorbitantes, croulent de tous côtés, et les agents de cet affreux pouvoir s'érigent en despotes avides dans les emplois qu'ils ont souvent achetés aux enchères publiques.

Enfin, soyons justes avant tout et avouons que malgré la réprobation presque générale dont jouit l'Angleterre, si elle possédait l'objet de sa convoitise, elle agirait différemment de nous. Les Anglais savent semer pour recueillir; ils sont conséquents; ils n'entretiendraient point à grands frais des gardes forestiers pour soigner les bois de l'Etat, tandis qu'on les laisse brûler par les Arabes. Cependant, nous avons soixante-quinze mille baïonnettes et une nombreuse gendarmerie. Nous savons combattre et vaincre sur le champ de bataille, mais nous laissons impunément quelques Bédouins isolés incendier nos forêts. A quoi sert un code pénal qui punit sévèrement les incendiaires, et que fait la justice criminelle d'Alger (1) ?

En Algérie l'autorité s'est figuré que le *nec plus ultrà* des concessions ne devait pas dépasser douze hectares ; je conviens que la plupart des personnes qui abandonnent leurs foyers pour venir ici ne possédaient point cette quantité de terre, qui est à peu près ce que doit travailler une paire de bœufs ; je sais en outre que tous les hommes sont égaux devant Dieu comme devant la loi, mais je soutiens qu'ils ne le sont pas selon la société ; car tel paysan qui n'avait rien pour vivre dans sa patrie, où il demandait, peut-être, l'aumône, se trouvera fort heureux d'avoir gratis huit, dix ou douze hectares de très bonne terre ; mais croit-on que cela puisse suffire à l'homme d'une classe plus élevée, dont les besoins croissent en raison de sa position dans le monde ? et pense-t-on par exemple que des officiers qui ont exposé leur vie sur les champs de bataille, auront franchi les mers pour recevoir seulement

(1) Les Arabes incendient à Bone, ils brûlent sur les bords du Mazafran, avec leurs marabouts en tête, et l'on a vu, dit-on, cette nuit (du 29 au 30 juillet 1843) des incendies dans la plaine de la Mitidja, qui ont réduit en cendre plusieurs meules de foin, ce qui ruinera les propriétaires. De la place Royale d'Alger, on voit tous les soirs des tourbillons de flammes s'élever dans les airs. Que fait-on pour réprimer de pareils crimes ?

quelques hectares de terrain en friche , après avoir sollicité peut-être une année entière? non, cela ne peut ni ne doit être, et cependant l'autorité paraît avoir pris pour règle de n'avoir que de très petits propriétaires, et je le prouverais facilement si je développais les conjectures qu'a fait naître le honteux incendie des grandes fermes de la Mitidjah, dont les possesseurs se trouveraient ruinés absolument s'ils n'avaient eu des ressources pour surmonter les nombreux obstacles qu'ils n'ont cessé de rencontrer.

Quelques mots échappés, sans doute indiscrètement, à des agents de l'autorité , laisseraient entrevoir l'arrière-pensée de tracasser un jour ou un autre les propriétaires, sous le spécieux prétexte qu'ils ont mal acquis , ou qu'ils ont acheté de personnes n'ayant pas qualité pour vendre. Cela me paraît une idée anti-colonisatrice, si j'ose m'exprimer ainsi, et tout à fait subversive; je sais , il est vrai, qu'il a été fait un trafic scandaleux sur les terres et que la même propriété a été vendue à plusieurs personnes à la fois; mais n'était-il pas du devoir des employés du domaine de prévenir ces ventes frauduleuses en avertissant ceux que l'on trompait ainsi? Mais non, il y avait des droits d'enregistrement à percevoir; peu importe l'intérêt du public pourvu que les coffres de l'état se remplissent; j'aime à croire, néanmoins, que par la confusion inséparable d'une colonie naissante, on ignorait la profondeur du gouffre que l'on creusait à la chicane et à la mauvaise foi pour enfanter des procès à l'infini.

Cessons donc de nous étonner de la fâcheuse prévention et même de l'espèce de répulsion qui se manifestent en Europe contre la belle Algérie ; ces faits et mille autres, quoique non publiés, sont connus sourdement, ils produisent une impression d'autant plus fâcheuse que la source en est vraie ; de là vient que les capitalistes et les personnes riches ne viennent point décupler leurs capitaux ici, par la crainte des entraves et de la corruption que j'ai signalées, ainsi les hommes honnêtes et consciencieux, qui ne veulent ni tromper ni être trompés, s'abstiennent de venir en Afrique ; mais n'abandonnez pas votre conquête, l'autorité vous soutiendra lorsqu'elle verra des personnes probes, *fermes* et à ressources venir utiliser leurs moyens sur cette terre qui promet de payer votre labeur au centuple ; les industriels à belles paroles disparaîtront devant les ouvriers qui vous accompagneront, car vous ne devez point arriver seuls, et vous menerez à votre suite le plus grand nombre possible de laboureurs donc l'activité vous soit connue et qui ne demandent qu'une augmentation de bien-être en travaillant ; je vous promets à tous une complète réussite, et pourrait-il en être autrement ! Le terrain est fertile et le climat tempéré, l'eau se trouve presque partout, les légumes les plus délicats croissent ici l'hiver, qui ressemble au printemps de la France ; les céréales de toute

espèce et les produits les plus estimés n'attendent
que des hommes actifs et tempérants pour faire oublier à la mère-patrie la perte de ses colonies loin-
taines et lui rendre avec usure les sacrifices qu'elle
a faits pour surmonter les obstacles suscités par les
belliqueux Arabes et par une *nation machiavélique.*

RELIGION.

J'aurais pu ajouter un article à part sur l'éducation,
j'en dirai, peut-être, quelques mots plus tard, je me
borne pour le moment à faire observer qu'il est indispensable d'enseigner la langue française, au
moins à la génération qui s'avance ; c'est aux vaincus
à recevoir l'idiome des vainqueurs, et il faut les y
contraindre, sinon les siècles s'écouleront et les
Juifs et les Arabes parleront encore ce langage corrompu d'Alger, qui n'appartient, pour ainsi dire, à
aucun dialecte ; nous avons sous les yeux l'exemple frappant de l'Alsace, dont les habitants des
classes secondaires, quoique heureux et fiers d'être
français, n'en parlent pas même le langage, ils ont
conservé l'idiome d'un allemand très corrompu,
cependant les Alsaciens sont Français depuis Louis-
le-Grand, la majorité en est catholique, néanmoins
ils n'ont pas même appris cette belle langue qui est
adoptée par les classes élevées de tous les états de
l'Europe, mais si l'on trouve tant d'obstacles dans
une province qui fait partie intégrante de la France,
à quoi ne doit-on pas s'attendre dans l'Algérie qui

est séparée de la métropole par la mer et dont les mœurs, la croyance et les usages sont si opposés!..!!

Il faut donc commencer par les indigènes de toutes les sectes qui peuplent Alger, l'instruction doit s'y donner en français dans leurs différentes écoles et les actes doivent se passer dans notre langue, cependant, pour ne pas trop alarmer leur méfiance naturelle, des interprètes jurés les leur traduiraient pendant quelques années; on peut exiger, mais avec *modération*, que ceux qui ont des emplois rétribués s'expriment en français; l'amour du gain, inné chez les Arabes et chez les Juifs, sera un excellent maître qui opèrera de rapides progrès. Ceux des autres villes et des montagnes suivront peu à peu l'exemple de la capitale, enfin avec de la persévérance et du temps, les indigènes deviendraient réellement français, surtout si on leur donne des exemples de cette bonne foi qui doit nous caractériser; alors disparaîtront ces horribles vêtements qui défigurent particulièrement le sexe féminin, et les enfants rougiront un jour de la dégradation dans laquelle croupirent leurs ancêtres.

Cependant les hauts fonctionnaires de l'Algérie sont toujours occupés; leur correspondance est active et fort étendue, ils donnent des audiences et ils ne rebutent personne, de nombreux employés remplissent les bureaux des directions, et toutes les fois que le bien du service l'exige, messieurs les directeurs se transportent au loin pour visiter les travaux, c'est une justice à leur rendre ; mais d'où vient que tant de soins ne sont pas couronnés par le succès ? Je suis obligé de le dire, dussent les esprits forts me taxer de superstition : c'est que notre irréligion produit l'insubordination chez les classes mercenaires et le Très-Haut ne bénit point nos œuvres, car toute prospérité découle de lui, et il répand ses dons comme il lui plaît sur les bons ou sur les méchants; d'ailleurs l'homme ne saurait sonder la profondeur de ses vues, mais si les ouvriers sont pour la plupart sans principes et s'ils se conduisent mal, ne pourrait-on pas empêcher qu'ils ne vinsent ici en trop grand nombre, car les bateaux à vapeur les transportent par centaines en Algérie? enfin s'ils se conduisent mal, ce n'est pas entièrement de leur faute puisque les différentes administrations ou les entrepreneurs qui les employent ne songent qu'au travail, ceux-ci ne veillent pas plus au bien-être matériel de ceux qu'ils occupent, que les premiers ne pensent à ménager les deniers de l'état, et quant aux pratiques de la religion, elles sont mises totalement de côté comme une chose inutile ou dérisoire; on devrait savoir pourtant que la piété ne sert pas uniquement à rendre au Créateur ce que lui doit sa créature, elle est encore un frein contre les passions sur-excitées en Afrique par un climat qui les irrite au dernier point. Ainsi maîtres et ouvriers se prennent et se séparent du jour au lendemain, sans se connaître et sans savoir même leurs noms respectifs; ces derniers, pour la plupart, mangent et couchent où ils peuvent; il serait néanmoins facile, surtout dans les grands ateliers, d'améliorer leur sort; rien n'empêche de défricher partout où l'on veut, et de faire venir des légumes; le terrain est fertile, c'est une terre vierge et généralement bien arrosée. Mais que ceux qui ne connaissent point l'Algérie ne tournent point mon idée en ridicule, car j'ai vu des jardins improvisés à côté des broussailles, où les petits pois et toute espèce de légumes croissaient merveilleusement. Enfin, malgré la cherté des transports, le litre de bon vin de Provence revient à peine à vingt centimes, la livre d'excellent pain coûte le même prix, et le kilogramme de viande varie, selon la qualité, de cinquante à quatre-vingt centimes. Nulle part en France on n'a les comestibles à un moindre prix, et de plus on a ici l'avantage d'avoir du jardinage dans toutes les saisons. D'où vient que la main-d'œuvre est d'un prix si élevé? c'est que les hommes qu'on emploie sont intempérants et qu'au lieu de travailler, la plupart s'enivrent du matin au soir. Quoiqu'il en soit on pourrait les faire vivre à bon marché; l'un d'eux ferait la cuisine, ses camarades fréquenteraient moins la cantine, leurs maîtres et leur santé y gagneraient, l'ouvrage serait mieux fait, et le journalier ferait des économies qu'absorbe sa mauvaise conduite; il pourrait se vêtir, car j'en ai vu sur une route où ils travaillaient en grand nombre; les uns avaient une chemise mais pas de pantalon, les autres en avaient, mais ils étaient sans chemises, et leurs camarades n'étaient pas mieux vêtus.

Si les personnes qui employent beaucoup de bras, songeaient à leur construire une barraque, ou tout au moins des *gourbis* (1), dans lesquels on étendrait quelques paillasses, avec des couvertures, les ouvriers se déshabilleraient et iraient s'y reposer au lieu de rester au cabaret, à boire des spiritueux et à chanter des chansons obscènes ou tout au moins licencieuses ; ils y demeurent longtemps, ils en sortent échauffés par les liqueurs, et tombent à moitié nus dans le premier endroit qu'ils rencontrent. Cependant le sommeil s'empare d'eux, la vive fraîcheur des nuits d'Afrique les saisit, la fièvre se déclare et les mène promptement au tombeau.

Le hasard me conduisit un jour, loin d'Alger, dans une barraque en planche où je trouvai un homme couché sur la terre, ses dents claquaient les unes

---

(1) On nomme gourbi une cabane construite avec des perches et recouverte en roseaux, qui viennent dans les endroits marécageux, où ils ont généralement de trois à quatre mètres de hauteur. Les gourbis sont les habitations qui composent les douairs, occupés par les tribus. Ces douairs ou *Douars*, sont entourés par des aloès et des nopals, ou cactus nommés aussi figuiers d'Inde, armés de piquants très acérés qui rendent ces haies impénétrables.

Ces douars renferment aussi des tentes faites en poils de chameau.

contre les autres par la frisson de le fièvre; j'en parlai à un de ses camarades que je vis à quelque distance, mais il me répondit froidement : chacun pour soi ici; quoi! lui dis-je, vous laissez mourir votre compagnon sans médecin et sans secours de la religion? monsieur, me dit-il, j'ignore où l'on trouve des médecins; quant aux prêtres, nous voudrions en avoir et entendre la messe, nous sommes si éloignés de toute église qu'il n'y a pas moyen d'y aller et je n'ai, peut-être, point assisté aux offices divins depuis six mois; je plaignis cet homme et tous ses camarades qui vivent et meurent sans sacrements.

Les autorités civiles et militaires font construire des villages sur différents points du massif et même ailleurs; un seul a une église livrée au culte et c'est Déli-Ibrahim qui la possède; il est vrai qu'il y en a quelques-unes en construction, et Mgr. l'Evêque d'Alger vient de me dire (juillet 1843), qu'il allait en bénir trois incessamment, et ce sont celles des villages de Bir-Kadem, de Drariah et enfin du village de Koubah, cette dernière a été bâtie et offerte par un pieux colon. Quant aux autres villages déjà construits il n'est pas encore question de leur en donner. Je citerai celui de Fouka, entre la mer et Koléah, dans une jolie position; j'y ai compté, je crois, vingt-une maisons, habitées même par plusieurs ménages qui n'y vivront pas longtemps en bonne harmonie. Après l'avoir visité, je m'informai de l'endroit où l'on construirait l'église et l'on m'en fit voir l'emplacement tout couvert encore d'antiques broussailles ; cependant rien ne serait plus essentiel que de répandre au plus tôt les lumières de l'Evangile sur cette population, tout au moins ignorante, composée de soldats libérés qu'on a eu la singulière idée d'envoyer à Toulon chercher des femmes parmi les filles équivoques de cette ville, comme s'il en manquait ici qui auront certainement crié à la faveur et à l'injustice, ou qu'il fallût prendre absolument le rebut du sexe féminin pour peupler ce village naissant. Ces femmes éhontées s'insurgent contre l'autorité pour ne point travailler. J'ignorais encore à peu près leur origine quand je fus visiter Fouka, et quoique j'aie rencontré beaucoup de vivandières dans les corps où j'ai servi, néanmoins, ces nymphes toulonnaises, métamorphosées en paysannes sur le sol africain, les surpassent en effronterie ; un prêtre ordinaire suffirait à peine pour les ramener au bien par la douceur et par la patience ; il faudrait, pour ainsi dire, un ange pour opérer un changement parmi ces femmes ; le remords, il est vrai, transforme les pécheurs en saints, mais j'ignore si la contrition a pénétré encore jusque dans ces parages.

Il est question de fonder une ville dont j'ai cité le nom plus haut ; on travaille à ce camp, les barraques s'y élèvent comme par enchantement, les divers quartiers de la ville future sont déjà désignés, les commandants militaires remplissent leurs fonctions, les colons s'y transportent en foule, on trouve déjà un billard sous la tente et par conséquent des cafés, on assure que des marchandes de modes et de nouveautés étalent leurs brillants colifichets sur les rives du Schélif étonnées de ce luxe improvisé ; mais dans la nomenclature de toutes ces merveilles, on ne dit point que l'on doive élever un autel au maître de l'univers, dans un lieu qui renferme un très grand nombre de militaires et de nombreux colons des deux sexes ; cependant, j'ai dit et je le répète encore : la soumission complète des Musulmans ne peut s'opérer que par la religion et nulle part ils n'en voient le moindre signe.

La charité manque enfin parmi nous ; on ne se connaît pas. Chacun arrive avec des préventions qu'il apporte d'une contrée lointaine, et ces liens de confiance, de famille ou de société, qui se forment, à la vérité, par le temps, n'existent pas encore en Algérie : on se hait, on se jalouse, chacun cherche à nuire à son prochain, on veut acquérir des richesses sans en prendre les moyens réels. L'autorité pourrait se servir de la religion pour établir des liaisons qui tourneraient au profit de tous, mais il faudrait donner l'exemple, et les Arabes, très judicieux, s'aperçoivent de notre côté faible (1).

---

(1) S'il y avait de la moralité, on ne verrait pas tant de malheureux se ruiner par la débauche, tandis que des spéculateurs téméraires, mais heureux, qui n'ont rien à perdre,

Les Espagnols affluent en Algérie, on en compte plus de quatorze mille qui viennent en partie de l'île pauvre de Minorque, et on ne les désigne que sous le nom de *Mahonais*, à cause de la charmante ville de Mahon leur capitale. Contrairement à leurs compatriotes de la terre ferme, ils sont laborieux et le soleil ne les trouve jamais couchés, ils sont presque tous jardiniers, et sans eux Alger et toute l'Algérie seraient, peut-être, sans jardinage et sans légumes; nos marchés sont mieux approvisionnés que ceux de Paris même et tout s'y vend à bas prix. Ces jardiniers infatigables ont défriché les vallons et même des collines où croissent pendant l'hiver les plantes

font des fortunes scandaleuses. Les couseils de guerre et les tribunaux ne retentiraient pas si souvent de honteux procès contre des accusés qui trouvent le moyen de faire casser des condamnations infamantes lesquelles avaient déjà reçu leur exécution et sortir enfin du temple de Thémis plus blancs que la neige, tandis que la famille de l'infortuné Lessurque, injustement condamné à la peine de mort, ne peut faire réhabiliter sa mémoire! S'il y avait des principes on ne verrait pas tant d'expositions au pilori et des Européens condamnés aux fers pour avoir tué, volé, ou bien assassiné leurs camarades dans les broussailles, afin de s'approprier une seule pièce d'or. La peine de mort se prononce rarement ici, parce que le système *des circonstances atténuantes* a déjà franchi les mers pour s'implanter sur le sol Africain, et cette humanité, souvent mal placée, est la cause de nouveaux crimes, que l'on impute quelquefois aux Arabes, métamorphosés ainsi en *boucs émissaires*. Enfin, on n'entendrait pas annoncer si souvent le suicide de comptables de régiments qui se brûlent la cervelle pour combler un déficit causé par des folles dépenses.

les plus délicates; ces légumes sont excellents et fort tendres, parce que l'eau se trouve généralement partout et que ces intrépides horticulteurs savent ménager les pentes d'irrigation; dès l'aube matinale ils dirigent les eaux; pendant le jour ils sarclent ou ils défrichent, et la nuit les trouve encore la bêche ou l'arrosoir à la main. Ces Espagnols insulaires sont arrivés pauvres, mais riches de leur activité; les maîtres qui les ont employés à leur début ont été forcés de leur faire des avances qu'ils ne tardèrent pas à rembourser, car ils sont très sobres, et maintenant ils payent de bons fermages qui varient selon les localités; mais aux environs d'Alger, l'hectare de terrain, susceptible d'être arrosé, se loue jusqu'à mille francs par an, cela prouve l'étonnante fertilité stimulée par de belles eaux et par un climat presque tempéré, où le froid ne vient jamais interrompre la végétation. Tout chers que paraissent ces loyers, ils sont très modérés, car les Mahonais sont maintenant à leur aise; ils ont les bestiaux qui leur sont nécessaires, ils marient leurs nombreux enfants, le loyer des jardins est exactement payé à leurs maîtres, et tous ces avantages ils les doivent à leur activité et surtout à leur frugalité; néanmoins pour être juste et pour faire ombre au tableau, il faut ajouter qu'ils sont grossiers, brusques, méchants et vindicatifs; ils conservent la vieille haine castillane contre les Français; eux, leurs femmes et leurs enfants vivent ensemble, et leur plus grand plaisir est de jouer des castagnettes et de la guitare, qui sont les instruments favoris de tout Espagnol; les femmes aiment l'argent et à plaire, tous nous détestent, et cependant malgré leur haine, l'intérêt les retient parmi nous, mais cette population flottante rentre dans sa patrie lorsqu'elle a ramassé un peu d'or et la vraie colonisation ne la tente pas, elle a reconnu, sans doute, avec son gros bon sens, qu'il valait mieux cultiver les jardins des colons déjà établis, que d'avoir affaire à des administrations qui ne marchent pas toujours de concert, et dont les actes sont quelquefois rejetés par l'autorité supérieure de Paris. Nous en avons des exemples que l'abondance des matières et mon cadre abrégé ne me permettent pas de rapporter maintenant.

Quoiqu'il en soit, les Mahonais sont pieux, ils fréquentent les églises et sans eux celles d'Alger seraient à peu près vides ; ils observent non-seulement le repos du saint jour, mais encore celui des fêtes consacrées ; leurs affaires en vont mieux et cela me fait souvenir de cet honnête commerçant, qui de pauvre était devenu riche par un travail assidu, il était secondé par une femme vertueuse qui s'était mariée pour avoir des enfants qu'elle élevait chrétiennement ; quelqu'un lui demanda quel moyen il avait pris pour amasser une fortune aussi considérable dans l'espace d'à peine vingt ans ? Il lui répondit, que pour s'attirer la bénédiction du Très-Haut, il n'avait jamais manqué de lui consacrer les prémices de la journée en conduisant sa nombreuse famille à la messe. Cet homme probe calculait juste, quelques instants passés aux pieds des autels rendent l'homme meilleur et l'instruisent à ne pas tromper son prochain.

Alger possède aussi quinze ou dix-huit cents Maltais qui sont généralement pêcheurs; le poisson, très abondant sur ces côtes, est presque toujours à bas prix sur le marché; l'on a souvent douze maquereaux pour vingt ou vingt-cinq centimes et une livre d'excellentes sardines fraîches coûte cinq ou dix centimes. Les Maltais sont peut-être encore plus grossiers que les Mahonais, parce qu'étant toujours dans leurs canots ils contractent la rudesse des marins. Ils ne parlent pas le français et on les accuse de plusieurs crimes nocturnes; cependant ils passent pour avoir de la piété, mais on sentira facilement qu'elle est fort mal comprise.

La diversité des races produit des croyances différentes, et on en compte beaucoup en Algérie. Les nègres, quoique musulmans, ont un culte idolâtre, et c'est parmi eux qu'on prend les ministres qui vont le mercredi faire sur le rivage de la mer des sacrifices d'animaux, auxquels assistent les dévots superstitieux juifs et mahométans d'Alger (1).

(1) Qu'on se figure les rochers schisteux bordant la plage à une demi-portée de canon de la porte de Bab-el-Oued et desquels s'échappent plusieurs sources d'une eau claire et limpide; au-dessous, une grève inclinée jusqu'à la mer; enfin,

Les nombreuses sectes de Musulmans redoublent leurs prières le vendredi. On sait que les Juifs

l'astre brillant du jour sortant du sein des ondes, comme pour présider à cette fête grotesque : voilà le théâtre. Voici les acteurs : au premier plan apparaît un noir sacrificateur, revêtu d'un caban, véritable sarrau de toile, dont le capuchon lui recouvre la tête. Cet homme au maintien grave et digne des fonctions qu'il va remplir, attend, accroupi sur les talons, les victimes qui s'avancent. On voit ensuite plusieurs prêtresses, dont la principale a tous les doigts ornés de bagues où sont fixées des pièces en argent du module de celles de 2 francs. Deux autres s'établissent sur le rebord de la principale fontaine qui doit leur servir d'autel, et les plus jeunes s'apprêtent à remplir des fonctions qui réclament de l'agilité. Toutes portent un jupon étroit qui dessine leurs formes très prononcées. Le haut du buste est contenu et non emprisonné dans une chemise ouverte dont il fait ressortir la blancheur. Les manches en sont larges et retroussées sur les épaules ; enfin, leurs têtes sont enveloppées dans une espèce de foulard. Tel est l'ensemble bizarre et grotesque de cet auguste aréopage au teint couleur d'ébène. Les uns et les autres ont les pieds nus, pour fouler plus respectueusement le sable de ce lieu, qui, sans doute, est saint. L'on place aussi entre les deux prêtresses accroupies sur le parapet de la fontaine, plusieurs cassolettes, informes réchauds en terre, d'où vont s'échapper des nuages odoriférants qui parfumeront les airs.

Cependant, les plus zélés de la secte arrivent les premiers : mais ils ne sont pas tous nègres, puisque la majeure partie est composée de maures et de juifs de tout sexe et d'âges différents, qui se réunissent ainsi dans ce temple pittoresque et naturel pour sacrifier aux génies de la mer et au dieu de la santé, car en religion, les hommes diffèrent, mais en superstition, il y a confraternité générale.

Enfin, les cérémonies vont commencer, et chacun à son tour va porter aux sybilles, toujours accroupies, des cornets de parfums, des petites bougies qu'on allume au-dessus des déicides s'abstiennent de travaux et d'affaires le samedi. Les Chrétiens ont consacré le dimanche au

fontaines ; on offre aussi des galettes, des œufs durcis, que doit manger, en partie, la prêtresse ; des fèves et une poignée de gravier qu'il faut jeter de tous côtés sur la plage. Les plus riches ou ceux qui ont beaucoup de ferveur portent avec eux des poulets ou un mouton que l'on dépose sur le sable sanctifié. Enfin on procède aux ablutions, qu'une grave pythonisse termine en parfumant la personne qui est devant elle avec un réchaud qu'elle promène autour de sa tête, sous les bras, les pieds et la chemise.

Mais les fonctions du grand-prêtre vont commencer, et ce nouveau Calchas se lève avec toute la gravité convenable au caractère dont il est revêtu. Il prend donc le poulet ou le mouton qu'il porte à la mer, pour les purifier dans ce vaste réservoir d'eau lustrale. Il les parfume ensuite en les tenant suspendus sur un réchaud d'où s'exhale la fumée des parfums, qui doit suffoquer les malheureux patients : mais le cérémonial le veut ainsi. Enfin, il les rapporte à pas lents près de la personne qui offre le sacrifice. Tout-à-coup, il prend de nouveau la victime innocente ; il saisit le couteau sacré et lui tranche le cou à moitié. Cependant le malheureux supplicié s'agite dans les convulsions d'une affreuse agonie, et en se débattant sur la grève fortement inclinée, il va naturellement du côté du rivage, ce qui est d'un bon augure, et lorsque le poulet ou le mouton a expiré, son bourreau le rapporte encore auprès de celui qui l'a offert, en lui mettant du sang au front, aux poignets et à la cheville des pieds, pour conjurer la maladie par cet horrible talisman ; ensuite, le crédule dévot plume ou dépouille cet holocauste, qui, je le crois, est partagé entre les initiés et les sacrificateurs.

Enfin, après avoir fait de concert plusieurs libations avec de l'eau des sources que l'on a purifiées avec des essences, les uns et les autres se séparent mutuellement édifiés ; on se baise les mains, à l'exception de l'exécuteur des hautes-œuvres, qui reçoit et ne rend point ce signe de paix et de res-

Seigneur. Les protestants, même, s'acquittent de ce devoir sacré ; mais la France, cette fille aînée de l'Eglise catholique, donne le scandale, et le jour du repos n'est pas mieux gardé ici que dans la mère-patrie. Les Musulmans ont des yeux, et leur jugement n'est pas en notre faveur.

On regrette de ne point voir une plus grande quantité de prêtres en Algérie. Il en faudrait dans tous les établissements un peu considérables. Leurs voix charitables ramèneraient des brebis égarées. En France, les desservants des communes reçoivent un modique traitement de huit cents francs ; ici, on leur en alloue dix-huit cents. Je suis très éloigné de prétendre que le clergé soit trop rétribué. Plus il aura, et plus les malheureux recevront de secours. Néanmoins, il me semble que douze cents francs suffiraient, car j'ai fait observer que la nourriture était peu chère ; on pourrait affecter un hectare de terrain à chaque desservant des paroisses pour ses légumes et ses fruits ; plus tard, il se formera un petit casuel qui augmenterait son bien-être. Son entretien serait peu dispendieux, puisqu'on est vêtu

pect, comme pour montrer par là qu'il est disposé à ne faire ni paix ni trève avec les volatiles, ou que l'éminence de ses fonctions l'élevant au-dessus du vulgaire, il dédaigne le reste des mortels. Quoiqu'il en soit, les fidèles pour reconnaître des soins si charitables, laissent quelques pièces de menue monnaie. On procède à d'autres qui sont venus plus tard, et la sainte assemblée s'ajourne au mercredi suivant.

très simplement en Algérie, et l'on n'a point à s'y garantir de ces froids qui se font si vivement ressentir dans le nord de la France. La majeure partie des colons aimerait à voir la croix s'élever au centre de leurs villages naissants ; la foi se réveillerait peut-être parmi eux, et l'on viendrait se grouper autour de ce signe du salut. Ainsi, sans augmenter les charges publiques, déjà trop lourdes, on pourrait avoir un plus grand nombre de ministres des autels, qui, par la charité qui les distingue généralement, produiraient un bien infini. Ils prêcheraient plus d'exemple que de parole cette simplicité de mœurs évangéliques, et leur vie frugale enseigneraient à fuir ces faux plaisirs dont l'illusion égare le monde. Enfin, ces soldats qui périssent de la mort des braves, pour ajouter à la gloire de la patrie, ne seraient-ils pas heureux de recevoir à leur moment suprême et loin d'une mère ou d'une épouse chérie, les secours consolants de la religion, alors que les liens terrestres venant à se briser, laissent apercevoir la redoutable éternité où ils vont s'élancer ! O France ! ô ma patrie, ne sois point ingrate envers tes enfants !

LES TRAPPISTES.

Le gouvernement avait eu la bonne idée d'engager les trappistes à venir fonder un établissement dans le nord de l'Afrique. Les honnêtes gens voyaient avec plaisir ces fervents cénobites s'installer sur cette antique terre, où le sang des martyrs avait coulé par torrents. On ne saurait douter que leur présence n'eût attiré de pieux colons sur leurs traces pour venir défricher autour de leur monastère, et je ne puis trop applaudir aux vues conservatrices du ministère français, qui envoyait ici ces modèles de toutes les vertus. Par leur ardente charité, les trappistes auraient servi d'exemple ; ils eussent montré comment on cultive à bon marché. Un bien infini devait se répandre sur toute la colonie, en offrant aux Arabes de véritables chrétiens ; et si l'on peut espérer la conversion des infidèles, il est à présumer que ces bons religieux l'auraient opérée. Ils sont toujours prêts à faire le bien, et déjà, pour répondre aux désirs du gouvernement, ils avaient envoyé deux délégués pour choisir un endroit propice. M. Laurence, conseiller d'état et membre de la chambre des députés, revint en Algérie dans le mois de novembre dernier, je l'accompagnai avec M. le comte Guyot, directeur de l'intérieur, M. le baron de Vialar, celui des colons qui a le plus de zèle pour la prospérité de l'Algérie, et quelques autres personnes. Nous fimes tous ensemble une excursion dans la plaine de la Mitidja, où nous vîmes un lieu tout-à-fait convenable pour l'établissement projeté, car il se trouve au pied de l'Atlas et non loin d'un marché des Arabes, nommé l'*Arbâh*. Tout, jusqu'à l'habit blanc des trappistes du chœur, leur tête rasée, comme celles des indigènes, concourait pour faire présager le succès. Cependant, les deux délégués de la Grande-Trappe arrivèrent bientôt, et je leur parlai de l'endroit que nous avions visité avec M. Laurence ; ils y furent et le trouvèrent convenable. Rien n'empêchait donc qu'ils ne s'y établissent, d'autant plus qu'il y a déjà une maison avec une magnifique orangerie et de beaux bois à l'entour. Elle est en ruine, il est vrai, parce que la horde incendiaire d'Abd-el-Kader ne l'a pas plus ménagée que les autres ; mais ici, on ne dédaigne point les masures. Le gouvernement avait permis aux Trappistes de s'établir où ils voudraient, promettant que les difficultés qui pourraient s'élever seraient applanies. Mais comme il s'agissait de respectables religieux, on a trouvé le moyen de les dégoûter de cette position solitaire et fertile, où ils auraient été en contact avec les Arabes, qu'ils auraient pu gagner par les soins rendus à leurs malades, qui ne sont jamais secourus, ou du moins ils les eussent édifiés par leurs vertus. Mais on a engagé les Trappistes à s'établir dans la plaine de Staouéli, au bord de la mer, où on leur promettait mille vingt-trois hectares de terrain. Mais cette contrée est fort accidentée, ainsi que je l'ai dit au commencement de cette brochure. Elle est sillonnée par de nombreux ravins qui la déchirent dans tous les sens, et le bois y manque totalement : 1° parce que les Bédouins, lorsqu'ils campaient en maîtres, avaient la détestable habitude d'incendier les forêts dont ils ne con-

naissent point la valeur, car ils n'ont guère besoin
de combustible, et la tente ou le simple gourbi les
garantit de l'intempérie des saisons ; 2° ce que la
torche incendiaire des tribus nomades n'eût point
détruit, le voisinage de la mer l'aurait fait, car les
vents violents, qui ne sont arrêtés par rien, nuisent beaucoup à la végétation des bois qu'ils fati-
guent incessamment. Quoiqu'il en soit, les Trappistes qui n'ont de volonté que celle des autres, quand
il s'agit du bien général, acceptèrent la concession
restreinte, car le ministère leur avait accordé deux
mille hectares, afin de pouvoir, à leur tour, donner
une partie de ce terrain à des colons pieux et tranquilles qui seraient venus se grouper autour du monastère. Mais l'acte d'investiture était rempli d'arti-
cles inacceptables, qui rendaient la donation
illusoire, et la plus légère omission de ces clauses
les dépossédait d'un bien qu'ils allaient arroser de
leurs sueurs. L'on ne doit point douter qu'avec l'esprit irréligieux qui règne en Algérie, il ne se fût
présenté quelque spéculateur industriel, qui aurait
prouvé que les donataires n'accomplissaient pas tel
ou tel article du contrat, et il aurait offert d'ache-
ter leur possession. J'ai dit que le domaine vendait
tout ce qui était vendable, et qui répondra que tôt
ou tard il n'arrive ici un administrateur ambitieux,
qui, pour faire sa cour, s'empressera de faire entrer dans les caisses du trésor une somme plus ou
moins considérable, en tracassant des hommes paisibles et toujours inoffensifs ?

On dirait qu'un avocat normand avait rédigé le contrat, et les bons Trappistes, dont la candeur ne soupçonne jamais le mal, n'en virent point la minute, parce qu'on présuma bien qu'ils auraient exigé des changements. L'acte fut donc envoyé à Paris où il fut revêtu de toutes les formalités. On crut, sans doute, qu'après les avoir fait attendre cinq grands mois, ces patients religieux se hâteraient d'entrer en possession, et l'on se décida, enfin, à leur remettre une copie de cette concession. Cependant, la piété n'exclut point la prudence, et les délégués de la Grande-Trappe virent de suite que cette donation n'en était pas une. Ils en référèrent à leurs supérieurs qui les ont, sans doute, rappelés en France, car à mon retour d'un voyage, ils étaient déjà repartis, sans que j'aie pu leur faire mes adieux. Néanmoins, j'ai les plus fortes présomptions pour croire que M. le président du conseil des ministres les renverra bientôt ici avec un titre plus positif et moins sujet à la chicane et que ses ordres seront enfin exécutés.

Les gens irréligieux profitèrent de la révolution de juillet pour tracasser les Trappistes, dont plusieurs communautés furent obligées de quitter le sol de la patrie, où ils ne faisaient que du bien. La cupidité tourmenta particulièrement celle de la Meilleraye, près de Nantes, et les inoffensifs religieux abandonnèrent tout à la rapacité de la populace, qu'ils avaient comblée de bienfaits. Ils quittèrent leurs pénates et leur propriété pour aller s'établir en Angleterre, où l'on eut le bon esprit de les accueillir. On leur a donné une grande étendue de terrain dans le comté de Waterfort, à *Neat-Coppoquin*, dans le midi de l'Irlande. La terre en est mauvaise, mais que ne peut opérer la patiente persévérance d'hommes qui observent un perpétuel silence ! Ces êtres angéliques ont fait revivre, dans ces derniers temps, les vertus qui distinguèrent en Orient les disciples de saint Basile et de saint Benoît en Occident. Ils prouvent que le feu sacré n'est pas encore éteint sur la terre. Quelle que soit la rigueur de la saison, ils se lèvent à deux heures du matin, souvent à une, d'autres fois à minuit, pour chanter les louanges du Très-Haut, pendant qu'ailleurs on le blasphème. Les frères convers se mettent au travail dès trois heures du matin, et si le jour ne paraît pas encore, ou que l'intempérie ne permette pas les travaux du dehors, ils s'occupent dans l'intérieur à la clarté d'une lampe. Ces bons cénobites ne perdent jamais un instant. Les pères du chœur travaillent moins que les frères convers, parce que les premiers restent plus longtemps aux offices qui durent pour eux près de neuf heures par jour.

On n'égare rien à la Trappe, tout sert une fois ou une autre ; le gaspillage y est inconnu ; en Algérie, les ouvriers cassent, brisent ou perdent les outils de leurs maîtres qu'ils achèvent ainsi de ruiner. A la

Trappe, ils sont remis à leur place, et chaque religieux a le sien, qu'il est même obligé de nettoyer, en revenant des champs. L'ordre règne dans le monastère : là, brille la propreté, et la simplicité s'y fait remarquer. Les étrangers y sont soignés comme des frères, on n'en exige aucune rétribution, mais comme la pauvreté est l'apanage de ces religieux, ils reçoivent ce qu'on veut bien leur donner. On recommande seulement aux visiteurs de ne point adresser la parole aux individus qu'ils peuvent rencontrer, parce que le vœu du silence ne leur permettrait pas de répondre ; mais on peut s'adresser en toute liberté au supérieur, aux hôteliers et aux confesseurs, si l'on est venu pour faire une retraite. Le bonheur, la paix et la sérénité que le monde corrompu ne connut jamais, existent dans les monastères de la Trappe. Cette prospérité générale n'est point ruineuse, puisqu'on évalue que chaque religieux, nourriture et entretien compris, ne dépense que de cinquante à soixante centimes par jour. Quel contraste ! si l'on voulait établir le parallèle entre ces êtres tempérants et nos coureurs de grands chemins de l'Algérie ! Ces derniers travaillent moitié moins que les autres et coûtent dix et peut-être quinze fois plus à ceux qui les emploient.

Tel est le portrait exact mais abrégé de ces parfaits chrétiens que l'Angleterre a su fixer chez elle, ceux qui ont été maltraités dans le royaume très chrétien, ont trouvé un refuge chez des hérétiques !

Mais qui sondera les desseins du Très-Haut et qui pourra deviner si la miséricorde divine n'a point ses vues sur cette contrée? Les enfants de saint Bernard ne sont-ils pas un des moyens que Dieu emploiera pour ramener dans le giron de l'Eglise cette terre surnommée jadis l'*île des saints*, que son Sardanapale et sa cruelle fille arrosèrent du sang des martyrs de la foi? Déjà, de toutes parts, on voit les Anglais rentrer dans le catholicisme ; les docteurs de la célèbre université d'Oxford ont un langage à-peu-près catholique, et l'on a vu, naguères, un évêque anglican faire entendre des paroles d'unité devant un nombreux auditoire, dans la basilique de Saint-Paul, à Londres, en présence de l'évêque de cette ville immense et de l'archevêque de Cantorbery, primat d'Angleterre. Les uns et les autres n'eurent que le silence à opposer à ce cri de détresse poussé par un des leurs.

Quoiqu'il en soit et pour ne considérer les Trappistes que dans l'ordre matériel, les plus anti-catholiques ne peuvent leur refuser leur admiration. Ils ont vivifié le sol le plus ingrat du comté de Waterfort, en défrichant un grand nombre d'acres de cette mauvaise terre, où les légumes croissent comme par enchantement, et sous leurs mains patientes s'élèvent de belles plantations d'arbres fruitiers ou forestiers. On vient de toutes parts examiner ces merveilles pour tâcher de les imiter ; mais pour y parvenir, il faudrait pratiquer au moins quelques-unes des vertus de ces pieux agriculteurs, ce qui est plus aisé à dire qu'à faire dans un siècle aussi profondément corrompu que celui où nous vivons, où l'irréligion et l'indifférence menacent de tout bouleverser, pour se livrer au plus honteux matérialisme, où l'or est compté pour tout, la vertu méprisée et l'égoïsme honoré.

Tels sont ces hommes qu'on ne s'est pas empressé de recevoir en Algérie : c'est l'enfer venant disputer sa proie au Ciel, mais en vain, car si les décrets du Très-Haut sont accomplis, nous verrons l'étendard de la croix briller de nouveau sur cette terre d'Afrique. Les Athanase, les Cyprien, les Optat, les Augustin, et saint Louis mourant à Carthage intercèdent du haut des cieux pour les descendants de ceux qui souffrirent le martyre, et si les Vandales, les Ariens, les Donatistes et les Sarrasins promenèrent le fer et la flamme sur ces villes, jadis si florissantes ; s'ils employèrent les chevalets et mille autres instruments de torture pour répandre des torrents de sang catholique, espérons que le règne de l'erreur est enfin passé et que ces peuples malheureux, qui vivent dans l'ignorance et dans les ténèbres seront enfin éclairés ; mais il faut des instruments, et les Trappistes paraissent devoir opérer cette métamorphose si vivement désirée.

Mais que les personnes peu instruites et à vues raccourcies ne se fassent plus illusion, en disant qu'il faut civiliser les Arabes par la corruption. Ce moyen, quoique infernal , trouverait peu d'échos, je l'espère. Les peuples nomades sont fiers et sans besoins ; du pain , du couscoussou et le lait de leurs troupeaux : voilà qui leur suffit. Je doute qu'il soit très facile de les dompter par la force des armes, et le système d'extermination générale me paraît aussi affreux qu'impraticable, puisqu'ils se recruteront toujours par les tribus du désert ; c'est donc à l'infini ! Enfin les habitants des gorges de l'Atlas ne prendront jamais nos mœurs , puisque déjà, ils en reviennent à leur ancien système de l'argent espagnol et qu'ils ont l'audace de refuser celui de France. Enfin, le meilleur moyen est de les prendre par la douceur, et le plus sûr serait donc de placer, comme des jalons, à leur portée , des religieux cultivateurs, dont l'existence est presque la même, à la croyance près. Mais on dira, sans doute , que l'on exposerait les trappistes à être égorgés. C'est une crainte superflue : Dieu veillera sur eux, et les Bédouins, loin de leur être hostiles, ne tarderaient point à les apprécier. D'autant plus, que ces derniers ne sont vraiment cruels qu'envers ceux qui les attaquent les premiers, et nous avons pour témoins de ce que j'avance les indigènes de l'ouest, qui reçurent amicalement notre armée. On allait à la chasse à une et à deux lieues de Mers-el-Kébir ; on entrait, pour boire du lait, sous la tente d'un Arabe, comme dans un chalet des montagnes de la Suisse. De farouches chefs bédouins venaient s'asseoir à la table des officiers et fumaient avec eux le calumet de la paix. Nous les avons froissés sans doute, car peu à peu l'amitié s'est retirée et a fait place à la méfiance. Les tribus ont reculé, le désert s'est aggrandi autour d'Oran, et le génie d'Abd-el-Kader en a tiré tout le parti possible ; d'ailleurs, les faits sont là pour confirmer mon opinion.

Cependant une nation plongée dans la barbarie, mais qui veut en sortir, adopte la civilisation de ses voisins, et les Russes de Pierre-le-Grand l'ont prouvé ; quant aux Musulmans leur religion s'y oppose et l'on sait qu'Omar fit chauffer pendant six mois les bains nombreux d'Alexandrie avec les livres de la bibliothèque de cette ville ; alors le triomphe des hérésies plongea l'Afrique et l'Asie dans les ténèbres et nous y serions nous-mêmes, sans doute encore, si le flambeau de la foi ne se fût réfugié parmi nous ; c'est donc à notre divine religion que nous sommes redevables des arts et des sciences que nous possédons, les vraies lumières se trouvent dans le sein du christianisme, et sans les monastères qui s'élevèrent en France, cette belle contrée et tout le reste de l'Europe seraient encore aussi incultes que les pays soumis à l'Islamisme ; ainsi plus d'une de nos cités doit son existence et tout son lustre à un humble moustier, autour duquel on vint se grouper. C'est donc à l'autel du Christ, à nos savants ordres religieux et à nos rois très chrétiens que notre patrie est redevable de sa gloire ; mais les prôneurs de la philosophie du XVIIIe siècle et les amateurs du matérialisme de nos jours n'en conviendront pas ; néanmoins, fort de mes convictions, je me tairais si l'on me réfutait et j'observerais le silence après avoir dit la vérité.

Enfin, je termine ce long article sur les Trappistes en ajoutant que déjà quelques personnes désabusées des illusions de ce monde s'apprêtaient à se joindre à eux, soit pour faire pénitence, soit pour se livrer aux travaux champêtres ; j'ose espérer que leurs désirs ne seront pas vains et je répèterai, cependant, qu'on ne peut espérer la civilisation des Arabes tant qu'ils ne se verront entourés que de vainqueurs irréligieux, jusques là on les verra toujours à part, couverts de leurs haillons, avec lesquels ils sont comme emmaillotés, la tête ceinte de la corde de poil de chameau, et ils viendront dans ce sale accoutrement traverser nos promenades occupées par des personnes élégamment mises, et ce qui prouve leur volonté de persévérer, c'est qu'on voit les enfants déjà vêtus comme leurs parents. A la religion seule appartient le bonheur de vaincre leur opiniâtreté par la douceur et par la patience.

UTILISATION DES PRISONNIERS ARABES.

En prenant la plume, mon but tend à la fois à la gloire de la France, à la prospérité de notre

(1) Nous annonçons, avec plaisir, qu'en mettant sous presse, les Trappistes, munis d'un bon titre revenaient en Algérie. (*Note de l'imprimeur.*)

colonie, au bonheur présent et futur des colons, et je n'oublie point la conversion des indigènes. Je vais donc parler d'un moyen pour utiliser les nombreux prisonniers que font nos colonnes dans les rhazias qui ont lieu tous les jours. Il faut tirer parti des Bédouins et dompter leur inquiète activité en les faisant travailler, au lieu de leur rendre une liberté dont ils ne se servent que pour reprendre les armes contre nous; notre longanimité à leur égard est poussée à l'excès et laisserait entrevoir des vues ambitieuses qui n'existent point, j'aime à le croire, puisque les sentiments tout romains du chef suprême de l'armée d'Afrique me sont connus; cependant si la clémence est une vertu toute française après la victoire, je n'entends pas qu'il faille se laisser tromper pendant la guerre, et il est permis de prendre des précautions de prudence pour l'avenir, surtout lorsque le chef ennemi sait métamorphoser le mal en bien, et faire accroire à ses corréligionnaires qu'il est content des pertes qu'il vient d'éprouver dans la prise de sa *zémala*, par M. le duc d'Aumale, et dont le pouvoir est tel enfin qu'il n'hésite point de dire aux Bédouins fanatiques : votre âme est à Dieu, mais votre tête est à moi, si vous fuyez devant les *infidèles* chrétiens. Ainsi je voudrais qu'on choisît parmi les prisonniers ceux qui, par leur force, sont les plus propres à travailler et qu'on les employât à nos travaux publics, en les faisant garder avec sévérité et en les prévenant qu'à la première rébellion ils seraient fusillés. Les Bédouins qui ne mangent rien chez eux, seraient trop heureux d'avoir la ration du soldat à laquelle on pourrait ajouter vingt-cinq ou trente centimes par jour, qu'on retrancherait à ceux qui travailleraient mal; on objectera sans doute qu'ils sont fainéants et qu'ils n'aiment que le bruit des armes, mais l'appât du gain d'un côté et de l'autre la crainte des châtiments les exciteraient à faire usage de leurs bras nerveux. Nous y gagnerions doublement puisque les mauvais ouvriers européens seraient moins exigeants; leur vagabondage, que la gendarmerie ne réprime point assez, diminuerait et la colonisation en profiterait (1). Mais ce n'est

(1) Je n'ai pu citer dans mon texte des traits de brigandage exercés par ces ouvriers sans aveu, cela aurait coupé ma narration, d'ailleurs comment tout relater ! En voici quelques-uns qui se sont passés depuis le 29 juin, et qui donneront un échantillon : 1° Deux Français ont été assassinés pendant la nuit dans un des nombreux impasses d'Alger. 2° Un estimable Français envoie une charrette attelée portant divers objets qu'il confie à un charretier, mais celui-ci abandonne sa voiture à la hauteur du fort l'Empereur, sans qu'on sache ce qu'il est devenu et si la police pourra le retrouver. Ce même colon veut bien se charger d'environ quatre-vingts ouvriers nouvellement arrivés, il les fait embarquer pour les transporter à dix lieues d'ici, mais pendant le trajet ces hommes veulent battre le capitaine du bateau et enfoncent des pièces de vin; arrivés à leur destination ils ne travaillent point malgré les cinq francs de salaire qu'ils reçoivent par jour. Le maître les a chassés, voilà donc de nouveaux brigands; et

pas tout, et il faudrait que ceux de ces prisonniers qu'on ne jugerait point à propos de retenir eussent une oreille fendue pour les reconnaître s'ils retombaient entre nos mains, comme cela est arrivé si souvent, ainsi on les préviendrait que la générosité française leur fait grâce une fois, mais que si on les reprend avec ce signe fatal ils seront immédiatement passés par les armes, et malgré le fanatisme qui leur fait braver la mort sur le champ de bataille, néanmoins ce moyen en retiendrait beaucoup. Les femmes encore plus cruelles que les hommes, et qui mutilent honteusement nos blessés et les morts même, ne devraient pas être exemptées à cause de leur sexe, car le tatouage est plus douloureux qu'un léger coup de ciseau à l'oreille; cependant tous les Arabes ont le visage et les bras tailladés.

Je suis ennemi d'un prosélytisme aveugle et outré, la tolérance vaut mieux que la rigueur; d'ailleurs la France doit observer la liberté de croyance qu'elle a promise aux indigènes et il faut que les conversions soient volontaires; voila d'où vient mon regret de voir les Trappistes s'éloigner, parce qu'ils auraient vaincu le fanatisme musulman par la patience, par l'exemple et par la charité. Néan-

comme des bois déjà coupés ont été incendiés, on peut conjecturer que ces hommes sans aveu en sont les auteurs. Que fera-t-on pour réprimer ces délits? hélas, le passé nous instruit pour l'avenir...

moins je crois qu'on aurait pu garder quelques-
uns des nombreux enfants bédouins des deux sexes
fait prisonniers dans les rhazias, on les eût établis
séparément dans des bâtiments semblables à la
maison carrée; là, les garçons auraient été confiés
à des instituteurs religieux et non à des mercenaires, et l'on aurait remis les filles à des sœurs
de quelques-uns de nos ordres de charité. L'audacieuse entreprise de Mgr. le duc d'Aumale sur
la *zémala* d'Abd-el-Kader, près des sources du
Tagain, a procuré environ mille enfants, qui ont
été quelque temps renfermés avec leurs parents
dans le camp de la Maison-Carrée, pourquoi ne
les aurait-on pas gardés, du moins une partie,
puisque le sort de la guerre nous les avait livrés?
Cette dépense serait peu considérable, puisque je
suppose qu'on ferait travailler les prisonniers arabes
qui sont dans la force de l'âge; les instituteurs
de ces enfants ne demanderaient que l'entretien
qui est peu dispendieux en Algérie. Cela coûterait
d'autant moins que les enfants pourraient gagner
leur vie insensiblement; plus tard ils prendraient un
état ou bien ils reviendraient auprès de leurs parents
qui auraient eu la permission de les voir pendant
leur éducation chrétienne. Ceux-ci verraient que
nous n'adorons point trois dieux, ainsi que le
prétendent l'ignorance et la mauvaise foi de leurs
marabouts. Ils reconnaîtraient que notre religion
ne permet et autorise encore moins les crimes

qu'ils nous reprochent ; on montrerait aux jeunes élèves qu'il y a des impies partout, particulièrement dans les colonies naissantes, et que les ministres musulmans ne sont que d'imposteurs sycophantes d'une religion immorale et monstrueuse. Voilà pourquoi ils s'opposent à l'introduction de la langue française parmi eux; parce qu'ils reconnaissent que ces nouvelles relations de leurs co-réligionnaires avec nous saperaient promptement leur autorité basée uniquement sur l'ignorance.

POLICE.

Nulle famille, nulle société, nul empire ne peuvent subsister longtemps sans discipline, sans statuts, sans lois. Tout est encore à faire ici, et je conviens que le temps a manqué en Algérie peur établir de bons règlements de police comme dans nos états civilisés de l'Europe, mais puisque ce pays appartient à la France, il semble que l'autorité pourrait faire exécuter ceux de la mère-patrie, et si l'on veut réellement coloniser d'une manière durable, il faut faire disparaître les abus qui vont jusqu'à la licence et extirper la corruption qui s'empare de toutes les classes.

Je ne parlerai que de la ville d'Alger, parce que c'est le grand foyer des vices, c'est là où arrivent tous les étrangers qui viennent en Algérie ; cette grande cité, qui doit être un jour la seconde ville du royaume, a le bonheur d'avoir pour maire un très digne administrateur ; on devrait donc lui donner toutes les attributions qui appartiennent à cette place importante, et je ne doute pas un instant que M. le comte de Vesins, maire actuel, ne s'empressât de faire disparaître la plus grande partie de ces cafés maures, où des femmes Arabes, mauresques et juives, à demi vêtues, drapées avec des oripaux et du clinquant, viennent étaler tout ce que la volupté orientale a de lascif ; ces cafés sont tenus par des Européens, par des juifs et peut-être même par des maures, on y entend une musique discordante et barbare depuis midi jusque bien avant dans la nuit, les femmes ont des castagnettes, des juifs obséquieux jouent d'une espèce de violon à deux cordes, d'autres femmes les accompagnent en frappant avec le revers de la main, sur un instrument cylindrique et creux en terre cuite, dont une extrémité est recouverte en parchemin, enfin une soi-disant cornemuse, aux sons rauques, remplit aussi son rôle dans ces tabagies dégoûtantes. On y chante des chansons arabes et les femmes fortement tâtouées, pour mieux supporter la chaleur, s'y relayent. C'est là où les Européens de la basse classe viennent achever de se corrompre en y dépensant quelquefois plus qu'ils ne possèdent.

Le maire frapperait d'anathème les innombrables maisons de prostitution renfermées dans Alger, où des femmes de toutes les croyances, ou plutôt qui n'en ont pas, viennent dès l'âge de dix ans, soit pour leur compte, soit pour celui de maîtres in--

fâmes, achever de pervertir ce qui ne l'est déjà que trop. Souvent la police indulgente y découvre des assassinats nocturnes d'hommes et de femmes. Les personnes qui fréquentent ces lieux y contractent des maladies honteuses que l'on néglige et qui les mènent promptement au tombeau, d'où il résulte que des gens irréfléchis prétendent que le climat est mal sain. C'est une erreur, car ce sont les excès qui déciment ceux qui s'y livrent, et l'on sait d'ailleurs qu'une vie frugale et réglée résiste même aux sables brûlants de l'Egypte, surtout lorsqu'on possède une bonne constitution, et ceux qui franchissent les mers, pour aller tenter la fortune, jouissent ordinairement de ce précieux avantage.

Enfin je me hâte de terminer cet article, où j'ai signalé une des plus grandes plaies de la société. Je ne dirai rien sur les cafés Européens, ils sont devenus nécessaires, et si le soir on fait de la musique dans quelques-uns, c'est sans doute, pour attirer un plus grand nombre d'oisifs, tout paraît s'y passer avec décence; mais je jetterai un voile sur des turpitudes bien plus honteuses, que ma plume se refuse à décrire et qui blesseraient les oreilles les moins chastes.

MONUMENTS ET TRAVAUX PUBLICS.

Les Musulmans n'aiment point à se fréquenter; le despotisme sous lequel ils vivent en est la cause, parce qu'ils voient toujours un délateur ou un espion dans ceux qui les visitent, ils se renferment dans leurs maisons comme dans des citadelles, au milieu de leurs harems qui leur tiennent lieu de tout; là toujours accroupis sur un divan, le maître et ses esclaves ne regardent jamais dans la rue, les édifices ont à peine quelques petites ouvertures à l'extérieur et ce n'est que par la cour, située au centre de l'habitation, qu'ils reçoivent le jour ou la fraîcheur, ainsi leurs cités sont sans monuments, et comme Alger est à nous depuis peu, on n'a pas eu le temps d'y en élever.

On sait que le mot de *Casbah* signifie citadelle ou forteresse, et c'est ce point élevé qui domine la ville que le dernier Dey avait choisi pour en faire sa demeure, afin de mieux comprimer ses sujets toujours disposés à la révolte. Sa domination a commencé et a fini dans cette forteresse, d'où il n'osait sortir, et qui à elle seule est aussi grande qu'une petite ville. J'ai visité la galerie où fut donné ce coup d'éventail si fatal à sa puissance. La Casbah, maintenant fort dégradée, sert de caserne; la plupart des colonnes en marbre qui la décoraient ont été brisées ou enlevées, de manière qu'elle n'a plus rien qui puisse attirer les regards des curieux.

Au nord-ouest et parallèlement aux remparts de cette forteresse, le gouvernement fait construire deux grands corps de bâtiments qui doivent servir de caserne et d'hôpital; l'air y sera meilleur qu'aux hôpitaux actuels qui sont dans un enfoncement et peu éloignés des cimetières. Je ne ne parlerai point du fort *Tagarin* qui domine la Casbah, je ne dirai rien du château de l'Empereur plus éloigné et commandant l'ensemble des fortifications ; je me tairai aussi sur cette immensité de laides maisons situées sur la croupe de la montagne entre la citadelle et le bas de la ville ; les rues y sont raides, tortueuses, sombres, étroites, sales, mais fraîches, et je me hâte d'arriver au pied de la colline où demeurent les Français et les étrangers un peu riches.

La maison qui sert de palais au gouverneur appartenait à un ancien Dey ; l'Etat ne s'en est pas emparé officiellement et il paie encore la très modique somme de six mille francs par an à un maure, *qui n'y rentrera jamais.* Un rang de colonnes torses monolythes et en marbre blanc, dont les chapiteaux sont dorés, entourent la cour intérieure dans chacun des deux étages ; les escaliers sont aussi en marbre de la même couleur depuis le haut jusqu'en bas, tout le carrelage est de la même matière et les portes sont encadrées dans le marbre ciselé grossièrement ; la façade qui donne sur la place du Gouvernement a été refaite à neuf, dans le genre mauresque et gothique, des colonnes et des marbres décorent toutes les croisées en ogives qu'on a percées ; il a été construit une superbe galerie dans l'intérieur, elle est destinée aux fêtes et aux bals ; le plafond, un peu trop bas pour l'ensemble, est en bois de cèdre, peint et orné de moulures ; enfin les glaces, les dorures et les marbres les plus précieux embellissent à l'envi cette magnifique salle, qui a coûté, dit-on, deux cent mille francs, et c'est pourquoi j'ai dit plus haut que le propriétaire maure n'y rentrerait jamais. Il est inutile de parler des appartements du palais et des dômes appelés marabouts qui s'y trouvent, car cette description serait peu intéressante (1).

La Cathédrale tient au palais du gouverneur, dont les murs sont mitoyens ; c'est une mosquée transformée en église sous le gouvernement du duc de Rovigo, les voûtes des dômes sont supportées par seize colonnes monolythes de marbre blanc, d'ordre mauresque, dont les chapiteaux, ornés de feuilles d'acanthes renversées, ont quelque chose de rebutant pour des yeux Européens, cette église est à peu près carrée, elle n'est éclairée que par des lucarnes, pour la plus part sans vitrage, percées dans les dômes, ce monument plaît par son originalité qu'il eût fallut respecter ; cependant on a voté quatre cent vingt mille francs pour l'aggrandir de dix mètres ;

______

(1) Les pièces sont au nombre de quatre à chaque étage et cette quantité ne varie jamais dans les maisons, c'est-à-dire qu'il y a une chambre dans chacun des côtés qui forment la cour, avec un petit dôme au centre dans l'étage le plus élevé. Les marbres qui distinguaient les habitations des grands personnages s'y trouvent en profusion, parce qu'il ne faut point oublier, qu'à la honte de l'Europe, plusieurs États chrétiens furent pendant des siècles les tributaires de la piraterie des barbaresques, et ceux-ci embellissaient leurs demeures avec le fruit de leur brigandage.

c'est un ravaudage fort cher pour la France et qui dépassera, sans doute, le devis; il est d'autant plus inutile que l'église sera toujours trop petite, et sans aucun signe extérieur qui la distingue, si ce n'est une croix plantée sur un des dômes : il eût donc été plus convenable de jeter les fondements d'une Cathédrale ; c'aurait été un monument pour Alger qui en manque,

L'importance que doit prendre un jour la capitale de l'Algérie, réclame impérieusement un palais pour le vice-roi destiné à régir l'Afrique septentrionale ; un palais de justice est tout à fait indispensable, car les maisons mauresques ne sont point distribuées pour un service public.

Le palais épiscopal est en face de celui du gouverneur et de la Cathédrale, dont il n'est séparé que par la petite place du Gouvernement, mais il est moins vaste que l'autre. Les colonnes qui supportent les galeries et tous les escaliers sont en marbre blancs, ainsi que le carrelege ; le centre de la cour est orné par un charmant petit obélisque surmonté d'une croix, l'aiguille est composée de morceaux de marbres précieux incrustés dans le genre mosaïque, les marabouts ou petits dômes qui se trouvent au milieu des pièces du second étage, dans les quatre corps de logis, se font remarquer par l'extrême finesse des moulures dentelées qui les décorent, mais si un vice-roi vient commander eu Algérie et qu'on lui bâtisse un palais, alors l'Evêque s'établira dans celui du gouverneur actuel.

Je ne parlerai point des nombreux forts qui ceignent la ville ; la défense du côté du continent sera complète lorsqu'on aura fortifié deux positions qui dominent le fort l'Empereur, et celle de la mer consiste dans des batteries formidables qui empêcheraient les vaisseaux ennemis de venir s'embosser; enfin on a construit un phare à feux tournants qui s'aperçoit de la haute mer, il s'élève au nord-est, derrière l'hôtel de l'amirauté.

Depuis longtemps on travaille à une digue qui doit faire un port dont nous manquions ; pour la construire on fabrique des cubes en *béton*, pesant jusqu'à vingt mille kilogrammes chacun. Ils ont généralement trois mètres de largeur et un et demi de hauteur. La dépense en est considérable, et quoique ces blocs soient très volumineux, néanmoins la mer, qui a vingt-cinq mètres de profondeur, dans cet endroit, en engloutit des milliers, et comme l'ouvrage doit se faire sur un plan très incliné, il est encore assez peu avancé; mais quand il sera terminé, nous aurons un abri pour les bâtiments de guerre et du commerce qui sont toujours tourmentés par un violent ressac ; les flots de la mer auront été rendus impuissants, et ce colossal ouvrage, qui se durcira de plus en plus par son contact avec l'eau, sera digne de la France et prouvera de plus en plus aux indigènes que rien ne saurait nous arrêter.

Tout présage qu'un magnifique quai, dont une

partie existe déjà, sera prolongé du côté de Bab-Azoun jusqu'au nouveau fossé d'enceinte ; mais pour y parvenir, il faut empiéter sur la mer, qui est peu profonde en cet endroit ; il faudrait cacher les rochers qui supportent la ville par de vastes magasins, et si l'on y plante deux ou trois allées de mûriers ou d'autres arbres, on aura une superbe promenade d'un kilomètre de longueur, où l'on jouira d'une brise et d'une fraîcheur perpétuelles, qui rendront Alger de plus en plus agréable.

La place Royale sera fort belle quand les édifices qui doivent l'entourer seront terminés. Pour la construire, il a fallu combler une pente très rapide qui menait au rivage. On a élevé deux rangs de voûtes superposées sous cette même place sans la moindre humidité, et qui servent de greniers publics. Enfin, il a été planté récemment des allées d'orangers qui embellissent cette place du côté de la ville.

Les portes d'Alger ont été refaites. On ne saurait imaginer rien de plus inutile ni de plus mesquin, puisque la ville s'aggrandit journellement. Celle que l'on nomme Bab-Azoun va se trouver un point central, car le nouveau fossé d'enceinte se trouve maintenant au-delà du fort de l'Agha. On dit que ces portes ont coûté des sommes si considérables, que je n'ose en indiquer le chiffre. Quoiqu'il en soit, elles sont au nombre de quatre, que l'on nomme : 1° Bab-Azoun, ou porte de l'Orient ; 2° Bab-el-Oued, ou porte de la Vallée ou du Ruisseau ; 3° de la Marine, qui va au port ; 4° la porte Neuve qui se trouve à l'Orient et presque à la hauteur de la Casbah ; un boyau étroit et long existe sous une voûte dans cette forteresse, et c'est jusqu'ici la cinquième issue de la ville.

Alger possède déjà quatre rues principales, qui seront belles quand on les aura terminées. Les deux premières n'en forment pour ainsi dire qu'une, qui sont coupées par la place Royale ; les deux ensemble ont près d'un kilomètre de longueur. L'une se nomme la rue Bab-Azoun, et la seconde Bab-el-Oued ; elles sont en arcades, dans le genre de celles de Paris. La rue de la Marine part du port et monte jusqu'à la place Royale ; elle est également en arcades, et sur le côté droit en descendant, on remarque une très belle colonnade où l'on compte vingt-six colonnes monolythes en marbre blanc, d'ordre composite. Ce superbe péristyle, supportant des arceaux en stuc, décore une mosquée ; la main d'un illustre personnage en posa la première pierre pour la restaurer et pour son coup d'essai ; il eût mieux employé son temps à jeter les fondements d'une église, soit à Philippeville que l'on allait construire et qui n'a encore qu'un magasin pour servir au culte du Dieu de ses pères, soit dans plusieurs autres villes qui manquent d'édifices catholiques. Mais on élève à grands frais des mosquées dans plusieurs endroits, sans que le petit nombre de Musulmans qui les fréquentent, les aient demandées. Cette galanterie qu'on leur fait les touche peu et ne tourne point à notre avantage, car ils sont irréconciliables.

Enfin, la quatrième rue dont me il reste à parler se nomme la rue de Chartres. Le centre est occupé par une place du même nom; elle sert pour le marché aux légumes. On remarque au milieu une jolie fontaine jaillissante, dont les eaux sont versées dans deux coupes rondes et superposées, qui se déchargent dans un bassin carré, aux quatre coins duquel il existe des robinets pour le service des habitants du quartier. On a planté douze orangers et quelques bananiers autour de ce joli monument. Enfin, on descend de la place de Chartres dans la rue Bab-Azoun par un large et bel escalier.

Il n'est point de ville où l'on bâtisse plus que dans celle-ci. De tous côtés s'élèvent de nouvelles façades à la française, qui remplacent rapidement ces lourdes constructions mauresques, dont le premier étage s'avance sur la rue, déjà fort étroite, de manière que les maisons opposées se touchent à leur sommet. Les voleurs le savent, et ils peuvent pénètrer facilement partout et aller ainsi de terrasse en terrasse jusqu'à celle qui a fixé leur attention et qu'ils veulent piller. Les rues étaient par conséquent très sombres, mais elles avaient l'avantage inappréciable, dans les pays chauds, d'être toujours fraîches, tandis que nos rues nouvelles sont brûlantes, et que l'on y est dévoré par la poussière, souvent agitée par le vent et par les nombreuses voitures qui les parcourent. Les voies larges sont indispensables dans une ville aussi considérable, néanmoins les petites rues ont leur avantage, et plus tard, on reviendra aux maisons à cour intérieure, puisque c'est le seul moyen d'avoir de la fraîcheur, et les habitants des pays chauds ont bien reconnu l'utilité des habitations qui reçoivent le jour intérieurement.

Toutes les anciennes rues d'Alger sont peu nettoyées, et la police est très négligente à cet égard. Les places publiques et en particulier celle du Gouvernement sont encombrées par des enfants oisifs, qui, au lieu de travailler, passent leur temps à jouer. Leurs parents sont très répréhensibles, et les dames qui sont à la tête de la société de charité avaient fait espérer qu'on trouverait un moyen de les occuper pour qu'ils pussent gagner leur vie sans vagabonder. Néanmoins, rien ne paraît avoir été résolu pour cette amélioration qui réclame toute la sollicitude de l'administration municipale et celle du clergé, toujours prêt à seconder les œuvres de bienfaisance.

ENVIRONS D'ALGER.

Cependant, après avoir censuré ce qui le méritait, et pour montrer une impartialité bien réelle, je dois louer maintenant ce qui en est digne. Ainsi l'on trouve six ou sept belles voies qui partent à l'est et à l'ouest des portes d'Alger; elles se prolongent aussi loin qu'on a pu les conduire pour le moment, et dans ce genre les environs de la ville ne le cèdent point à ceux de Paris. Puisqu'on peut arriver presque partout en voiture ; les difficultés à vaincre étaient d'autant plus grandes, que, jusqu'à nous, il n'y avait eu que des sentiers escarpés ou des chemins délabrés à travers les collines environnantes. Honneur à MM. les employés des ponts et chaussées ! honneur au génie et à l'armée qui ont surmonté tant d'obstacles ! ils ont su créer spontanément des routes militaires qui rivalisent celles de nos pays civilisés de l'Europe, si elles ne les surpassent même.

Deux routes partant à l'est et à l'ouest des portes de la ville contournent les remparts extérieurs, et, après mille sinuosités à travers des précipices, elles se rejoignent au-dessus de la Casbah ; alors cette route unique passe dans le massif, vivifie Deli-Ibrahim et Douera, descend dans la plaine de la Mitidjah par Ouled-Mendil, passe à Bouffarick, à Blidah, et sera bientôt terminée, à travers les sinuosités de la Chiffa, jusqu'à Médéah. Trois autres routes partent aussi à l'est : l'une mène à la Maison-Carrée, située sur une éminence, à trois lieues d'Alger ; elle continue encore et ira au Fondouck ; une seconde conduit à Koubah, jusqu'au gué de Constantine sur l'Harrach, et plus tard elle traversera la plaine ; enfin, la dernière monte par une pente bien ménagée, à travers l'amphithéâtre dont elle contourne les hauteurs. Elle descend ensuite à Bir-Mandraïs, où l'on voit de belles eaux ; elle passe dans le charmant village de Bir-Kadem, remarquable par une belle et vaste fontaine en marbre blanc. Cette route se continue et ira bientôt jusqu'à Bouffarick par la plaine de la Mitidjah ; j'en parlerai plus tard, et je reviens pour le moment à celles qu'il me reste encore à mentionner.

A l'ouest d'Alger, les routes ne vont pas aussi loin : l'une s'arrête au charmant hôpital du Dey, où l'on voit de beaux jardins et une grande quantité de bananiers : c'était jadis une maison de plaisance du souverain ; on la prolongera sans doute le long de la plage jusqu'à Sidi-Ferruch. Enfin, une dernière route, partant aussi de la porte du même côté (Bab-el-Oued), passe devant le jardin *dit d'Orléans*, charmante création disputée aux rochers. Cette voie entre dans la gorge d'El-Oued, qu'elle remonte dans toute sa longueur jusqu'au sommet du *Boujareah*, qui est un des points culminants du massif. Arrivé à cette hauteur de 400 mètres, on découvre la mer, une multitude de maisons de campagne et une partie de la ville. Du côté du midi, on voit la plaine de la Mitidjah jusqu'à Blidah, et la vue se repose sur les sommités de l'Atlas, dont l'aspect est sombre et sévère (1).

(1) Ne voulant pas surcharger mon texte, j'ajoute en note que les habitations embellissent le massif jusqu'à deux et trois lieues d'Alger. On y en voit de charmantes qui appar-

J'ai réservé le bassin et l'amphithéâtre de Mustapha pour la fin de ma description ; mais il faut-

tiennent généralement à des Français ; car les Maures les ont ou vendues ou abandonnées dès l'occupation de la régence. Mais en s'éloignant, les maisons et la culture deviennent plus rares ; cependant, si l'on arrive jusqu'à la plaine de la Mitidjah, on retrouve cette végétation naturelle qui fait encore mon admiration. En allant du côté de l'ouest, c'est-à-dire vers les tribus des Hadjoutes, sur le Mazafran, sous la ville de Koleah, jusque du côté de Cherchell (ancienne Césarée) et près de *Kouber-el-Roméah*, vulgairement appelé le tombeau de la Chrétienne, on voit des bois d'oliviers, de frênes, de trembles et d'autres espèces, tellement fourrés, que l'homme ne saurait souvent y pénétrer que la hache à la main. Ces forêts, pour ainsi dire vierges, servent de retraite aux sangliers, aux hyènes, aux chakals, aux lynx, aux léopards et aux panthères. A la chute du jour, ces bêtes féroces abandonnent leurs bouges et font entendre leurs divers cris ou leurs rugissements auprès des habitations, où elles sont attirées par l'odeur des animaux domestiques renfermés dans des parcs : mais elles attaquent rarement l'homme qu'elles ont l'air de respecter quand la faim ne les tourmente pas trop.

Le long des ravins et particulièrement sur les rives du Mazafran, on voit des massifs impénétrables de myrtes et de lauriers roses entrelacés avec de la vigne qui n'a jamais été taillée ; les raisins y sont aussi nombreux que les feuilles ; ils pendent après les ceps, qui forment des guirlandes attachées d'arbre en arbre sur les eaux de la rivière ou des ruisseaux. Les chakals et les oiseaux en font leur proie, puisqu'il n'y a personne pour les cueillir Mais lorsque la diminution du prix de la main-d'œuvre permettra de défricher ces endroits délicieux, on est assuré d'avoir les plus beaux produits, et ce terrain, aujourd'hui inculte, donnera des moissons abondantes.

drait une autre plume que la mienne pour dépeindre les beautés qu'ils renferment, depuis le mois d'octobre jusqu'à la fin de mai. Cependant, à défaut d'éloquence, j'emploierai la vérité dans mon récit ; le sujet est si beau qu'il inspire, et j'écrirai sous sa dictée.

En sortant de la ville par Bab-Azoun, on rencontre à droite un dégoûtant marché arabe qu'il faudrait faire disparaître ; plus loin des maisons bordent la route qui deviendra bientôt une rue ; mais lorsqu'on a dépassé le fort de l'Agha, tout-à-coup un immense rideau se déploie à vos regards surpris : c'est l'amphithéâtre de Mustapha supérieur parsemé de ses mille et une maisons éblouissantes de blancheur. Cependant l'on ne saurait se former une idée du spectacle enchanteur dont on jouit à cette distance, lorsque le soleil, sortant du sein des ondes, lance ses premiers rayons à travers un ciel sans nuages sur ce panorama unique, où des touffes d'arbres toujours verts, des plantes, des fleurs, des arbrisseaux de couleurs variées, où tout enfin, jusqu'aux édifices, prend une légère teinte pourprée, semblable aux reflets de l'arc-en-ciel.

Bientôt en s'avançant, ayant la mer à gauche, on arrive à l'endroit où les routes se séparent, on prend celle de droite dont les contours gracieux vous promènent à travers un dédale d'habitations éparses, soit au fond d'une gorge, soit sur une éminence ou sur le penchant d'une colline. Les jardins en sont

frais; on y remarque une végétation vigoureuse exci-
tée par des ruisseaux et des fontaines, ou par des
puits à roue; vous apercevez sur le penchant d'une
montagne escarpée de vastes champs de pois en
fleurs au mois de janvier; plus loin, des massifs
d'orangers vous offrent, jusqu'au mois de mars,
leurs milliers de fruits, jaunes comme de l'or. Ces
charmantes *villas* appartiennent généralement à des
Européens; on y jouit d'une fraîcheur presque perpétuelle, et lorsqu'on aura pu faire quelques changements indispensables, le littoral et l'amphithéâtre
seront peut-être la contrée la plus fertile du monde,
l'une des plus belles, et certainement elle réalisera
les fables merveilleuses de l'Eldorado.

En continuant cette exploration, vous arrivez
bientôt devant la maison où Mgr l'Evêque d'Alger
a installé les dames du Sacré-Cœur, dont la présence
est si nécessaire pour l'éducation des jeunes filles.
Plus à droite et adossé aux collines, on remarque
un Séminaire entouré de massifs d'orangers, de
citronniers, de cyprès et d'autres arbres toujours
verts dans ce climat tempéré.

Mais en avançant toujours sur cette route déli-
cieuse, on verra la maison de plaisance affectée au
gouverneur-général. Les jardins sont bien entrete-
nus, des eaux fraîches et courantes y entretiennent
une végétation perpétuelle; les fleurs y croissent
dans toutes les saisons; les fruits et une vue ravis-
sante rendent ce séjour enchanteur. La maison et

les bâtiments qui en dépendent sont immenses et pourraient loger un bataillon, si la distribution répondait à la grandeur des édifices. Néanmoins, toutes ces bâtisses entassées sans symétrie ne servaient qu'à un seul homme et à ses femmes que la jalousie musulmane tient toujours renfermées sous les verroux du despotisme, et ces lourdes portes ne s'ouvraient jadis que de loin en loin et à de rares amis, qui n'avaient pas même la permission de voir ces odalisques invisibles à tous les yeux masculins. Mais la domination française et la religion du Christ feront disparaître entièrement l'esclavage de ce sexe enchanteur que Dieu, dans sa bonté, donna à l'homme pour lui faire supporter le fardeau de la vie; et les femmes, désormais affranchies d'un joug avilissant, reprendront leur rang dans la société générale, où elles règneront par la pudeur, les grâces, la douceur et l'amabilité.

Non loin de ce palais délicieux, existait un puits à roue fort remarquable, dont les murs s'élèvent en forme de tour. On a métamorphosé en église le boyau étroit et rapide qui monte à son sommet et qui servait à loger les bêtes de service. Le quartier si peuplé de Mustapha n'a point d'autre temple.

Presqu'en face, on voit un groupe de maisons, qui était jadis une propriété des souverains de la régence; maintenant ces palais servent aux ouvriers du 4me régiment de chasseurs d'Afrique et à la gendarmerie.

Nous voici cependant arrivés en face d'une grande maison appartenant à M. le baron de Vialar, qui en a fait sa principale habitation. C'est là que j'aimais à me trouver loin du tumulte d'Alger. Il avait une femme jeune, belle et charmante qui faisait les honneurs de chez elle avec cette grâce que procure l'usage du grand monde ; elle n'est plus, et sa perte cause un vide affreux !!!

Des terrasses qui recouvrent les bâtiments, ou de celles des jardins, on aperçoit un panorama où se déroule tout ce que la nature et l'art ont pu créer de plus grandiose. En face, la rade et la mer vous offrent leur majestueuse immensité ; à vos pieds et jusqu'au rivage se déploient une portion de l'amphithéâtre et tout le bassin qui s'étend jusqu'au bas de la montagne de Koubah. Deux voies sillonnent ce littoral parsemé de maisons au milieu de jardins : là, c'est le café des Platanes ; plus loin la route est interceptée par un épais ombrage, et la vue se repose sur le jardin d'essai et sur la caserne d'Hussein-Dey, qui sont entre les deux routes où se croisent des voitures nombreuses entremêlées d'Arabes à cheval et à pied. Cependant il faut avoir vu cette belle nature pour s'en faire une idée. Mais à gauche, le tableau change de physionomie, et l'on aperçoit le port et la portion d'Alger qui n'est point cachée par le dernier contre-fort du château de l'Empereur ; néanmoins on éprouve un sentiment désagréable, car la ville mauresque qui recouvre la montagne est monotone à la vue, et de loin on dirait une immense carrière. En effet, on ne voit que des maisons blanches, sans toitures, et cette uniformité n'est interrompue par aucune verdure qui reposerait agréablement l'œil fatigué de cette blancheur éblouissante. Quoiqu'il en soit, l'ensemble en est magique et presque sans rival. Cependant on quitte à regret un si beau spectacle; mais derrière soi, de nouvelles beautés vont frapper le spectateur, comme pour varier ses plaisirs, et les dernières sommités de l'amphithéâtre sont embellies par de jolies maisons entourées de jardins et à moitié cachées par des bouquets de bois et d'orangers couverts de fleurs et de fruits.

Tel est le magnifique tableau de ce côté d'Alger, et l'on ne saurait dire s'il est plus séduisant pris du rivage de la mer ou du sommet des collines. Tout y est grandiose, et lorsqu'on aura fait quelques changements que le bon goût et le temps dicteront, je le répète encore, toutes les beautés se trouveront réunies pour rendre Mustapha-Supérieur un des sites les plus variés de l'univers.

RÉSUMÉ.

L'asile des barbares, le repaire des flibustiers a disparu; la France a mis un terme à leur piraterie, et l'Europe, trop longtemps asservie par un honteux tribut, lui en est redevable. Cependant la tâche n'est point terminée : il faut coloniser sur des bases solides. Que MM. les fonctionnaires de l'état redoublent d'activité, de surveillance et de sévérité pour suppléer aux rouages encore mal établis, et qui ne peuvent point marcher, il est vrai, comme en France, où une succession de quinze siècles et de soixante-dix rois travailla constamment à les perfectionner; mais c'est un motif de plus pour que chacun, dans sa sphère, développe un nouveau zèle pour paralyser les efforts des gens sans aveu qui s'efforcent de s'enrichir aux dépens des colons honnêtes. Il faut ici une fermeté soutenue et qui veille sans cesse à la prospérité générale; mais pour l'obtenir d'une manière uniforme, il serait à désirer qu'un homme sévère, juste et actif, fût revêtu de fonctions supérieures pour inspecter tous les travaux, visiter les colons, leur donner des avis et recevoir leurs réclamations. Ce haut fonctionnaire se transporterait inopinément dans les bureaux des diverses administrations pour examiner par lui-même si le travail se fait et s'il est à jour, avec pouvoir de révoquer sur-le-champ tout chef dont les employés seraient pris en défaut, sans être obligé de s'adresser à l'autorité de Paris, car les délais sont nuisibles. Tout marcherait alors vers un même but, et MM. les fonctionnaires redoubleraient de zèle pour mériter l'approbation du gouvernement et la reconnaissance des colons.

Je suis trop bon Français pour désespérer de la chose publique, et je sais que les Romains dignes de ce nom ne se laissèrent point abattre après les désastres de Cannes, et que le champ où campait Annibal fut vendu un haut prix aux enchères du Forum. La France se montrera digne d'elle en prenant des moyens vigoureux pour coloniser cette Algérie toujours au berceau ; néanmoins le plus difficile est terminé ; il ne faut qu'envoyer ici d'honnêtes paysans, et l'autre race perverse et parasite s'éclipsera bientôt, puisque les moins mauvais reviendront à eux-mêmes par de la fermeté et par de bons exemples, et que les maladies, filles de l'intempérance, auront promptement fait justice des autres.

Cependant mon travail est à peu près fini, et je crains d'être taxé d'une sévérité trop grande. C'est pourquoi je réclame de l'indulgence en faveur de mon zèle pour la gloire de la France, à qui je consacrai, dès mes plus jeunes ans, et mon cœur, et ma vie, et mes plus chères affections. De longs malheurs qui m'ont lancé sur une mer sans rivages, de cruelles déceptions domestiques, un complet isolement et les années qui s'accumulent sur ma tête, ont détruit avant le temps l'illusion qui soutient l'homme ici-bas. Toutes ces causes réunies ont pu aigrir mon caractère naturellement bon et indulgent ; mais je n'ai point outré mon tableau, et je crois n'être point sorti du cercle de modération que je me suis tracé en prenant la plume.

CONCLUSION.

Que le passé nous instruise pour un avenir qui apparaît comme une brillante aurore sur la fertile Algérie. N'oublions pas que la révolution de hideuse mémoire, les guerres sanglantes de la convention et les victoires, quoique multipliées, de l'empire, nous ont fait perdre, au profit de la cupide Albion, presque toutes nos colonies; réunissons-nous comme en un seul faisceau, faisons abnégation de notre amour-propre et soyons réellement chrétiens. Redoublons de zèle pour le bien général; achevons un port déjà bien avancé, qui puisse contenir cinquante bâtiments de guerre et tous ceux du commerce. Terminons cette digue audacieuse qui opposera une barrière insurmontable à la fureur des flots. Que la France engage des cultivateurs paisibles et probes à se transplanter en Algérie pour la défricher. Alors, elle s'applaudira de ses immenses sacrifices; elle retrouvera à ses portes ce qu'elle avait perdu sur tous les points du globe. Alors, heureuse et fière, elle se félicitera du bonheur de ses enfants; elle témoignera sa reconnaissance à ceux qui auront coopéré à sa gloire. Elle proportionnera ses récompenses à leurs travaux, et les générations futures béniront la mémoire de ceux qui auront rendu à la mère-patrie ce lustre que nos dissensions intestines lui firent perdre pendant un demi-siècle. Puisse, enfin, une auréole de gloire et de bonheur rejaillir sur cette belle France, qui, désormais reine de l'opinion, régira par des principes religieux l'univers, heureux d'obéir à de si douces lois!

FIN.